기억합니다

GAIUS

기억합니다

1판 1쇄 발행 2025년 8월 15일

발행인	형옥녀
기획	문광주
글쓴이	이상영
책임편집	황혜정
디자인	서경화
사진	윤한종, 류중석
교정교열	황하

펴낸곳	도서출판 가이오
등록일	2024년 1월 8일
인쇄	(주)신우인쇄
주소	경기도 수원시 장안구 경수대로 1022, 2층
전화	031-253-5550
전자우편	shalomqt@hanmail.net
ISBN	979-11-986695-4-4
정가	20,000원

이 책은 저작권법에 의해 보호 받는 저작물이므로 이 책에 실린 글과 사진에 대해 무단 게재를 금합니다.

기억합니다

GAIUS

책을 펴내며

위로와 치유의 서사를 염원하며

애국지사의 외아들인 제가 광복회 수원지회장 직분을 맡게 된 때는 2022년 7월입니다. 광복회에 대한 관심이 있긴 했으나 이런저런 사정상의 이유로 광복회 활동과 거리를 두고 있었을 때입니다. 어느새 인생의 후반부인 70대 중반이 되다 보니 작더라도 뭔가 뜻 있는 일을 하고 싶다는 마음 속 작은 바람이 일던 시기이기도 합니다.

일종의 공법 단체장으로서의 역할은 기존에 **한번도 경험해 보지 못한** 일이었기에 염려 반 기대 반이 뒤섞였던 것 같습니다. 그러나 막상 광복회 수원시지회 지회장 일을 맡고 나니 처음 한두 달 동안 많은 갈등을 거치면서 기대보다는 염려로 기우는 듯 보였습니다. 돌이켜 보니 어쩌면 당연한 그 과정을 거치면서 오히려 광복회의 존립 이유에 대해 분명한 인식을 세워 갈 수 있었습니다.
더불어 소속 회원들을 이해하는 데 꼭 필요한
유대감을 조성하게 되는 바람직한 결과 또한 나타나기
시작했습니다. 지회장으로서의 경험이 일천한 저에게
'계속 함께 할 수원시지회 회원들에게 실질적인
위로와 힘을 줄 수 있도록 최선을 다하자'라는
다짐으로 이어지게 되었습니다.

광복회의 상당수 회원들은 '조국 독립'이라는 열망에
밀려 부모의 당연한 내리사랑조차 누려 보지 못한
채 살아왔습니다. 무엇보다 원치 않거나 이유도 모른
채 배고픔이라는 삶의 가장 원초적인 상황과 싸워
왔습니다. 가난으로 인해 학업이나 치료의 기회마저
박탈 당하는 등의 고달픈 인생을 견뎌야 했습니다.
이런 현실을 직시하자면 부모로부터의 사랑 타령은
어쩌면 사치로 여겨질 정도입니다.
물론, 조국과 광복의 의미가 그들의 삶에서 가장

중요한 자긍심의 원천인 것은 틀림없는 사실입니다. 하지만 역설적이게도 그로 인해 상처를 품은 채 웅크린 삶을 살아간다는 사실 역시 그들 독립 유공자 유족들의 현재입니다.

오늘날의 대한민국 땅에서 살아가는 국민들 가슴 속에 해방의 기쁨과 감격이 어느 정도의 농도일까 생각해 볼 때가 있습니다. 점차 희미해져 가고 있다는 것은 분명한 것 같은데, 이러다가 아스라히 아스라히 사라져 버리는 것은 아닐까 염려가 되기도 합니다. 금년 2025년 8월 15일이면 어느덧 광복 80주년을 맞이하게 됩니다. 나라를 위해 자신과 가족을 기꺼이 희생한 애국지사들과 그 후손들을 기억한다는 것은 국가적으로나 역사적으로 중요한 과업이라고 생각합니다. 광복회 수원시지회 식구들부터 이날을 뜻깊게 기념하기를 원합니다. 그 뜻과 염원을 담아 독립운동가 후손들이 직접 들려주는 삶의 이야기들을 글로 엮어 <기억합니다>를 출간하게 된 배경입니다.

책은 일제 강점기와 6.25 전쟁이라는 역사적 배경을 거치며 독립운동가 후손으로서 겪을 수밖에 없었던 삶의 애환을 이야기하고 있습니다. 동시에 그들이 국가 조직과 사회 질서 안에서 어떻게 힘을 얻고 회복되고 있는지도 조명합니다. 그렇게 그들의 삶을 사회적 주제 안으로 끌어들이며, 현재 대한민국에서 해방과 자유를 누리는 모든 이들이 애국지사들과 유가족들을 기억하고 공감해 주기를 기대해 봅니다.

책 발간을 통해 소망하는 것이 세 가지 있습니다.
나라의 부름에 달려가느라 제대로 보살피지 못한 후손들에게 미안해 하실 애국지사들의 마음을 위로해 드릴 수 있으면 좋겠습니다.
또한, 독립운동가의 후손으로 살면서 필연적으로 마주해야 했던 가난과 결핍의 삶과 상대적 박탈감이

조금이나마 치유되기를 원합니다. 마지막으로,
독립운동가 후손들의 삶에 관한 일반 대중들의 잘못된
혹은 부족한 인식으로 인해 부정적이던 시각이 긍정과
이해와 공감으로 변화되는 데 도움이 되었으면
합니다.

개인적으로 광복회 수원시지회 지회장으로 일하면서
크게 감사한 것이 있습니다.
파란만장한 삶의 여정을 이겨 낸 여러 회원들의
생생한 이야기를 함께 나누면서 나 혼자 끙끙 앓을
이야기가 아님에 크게 위로가 되고 힘이 되었습니다.
무엇보다 그간 살아오면서 딱딱한 응어리처럼
끼고 있던 선친에 대한 오해와 편견에서 벗어나
자유해졌습니다. 오히려 선친의 강직하고 올곧은
성품을 깊이 이해하는 전환점이 되었다는 점에서
수원시지회 회원들에게 감사를 전합니다.

애국 독립지사 후손들이 겪어야 했던 구차한 삶의 편린^{片鱗}들을 짜깁기했다는 평가절하의 시선에 의해 책이, 아니 그들의 인생이 왜곡되거나 부정되는 일이 없었으면 합니다. 이 땅의 풍요와 평안과 자유가 그냥 당연하게 주어진 것이 아니라, 독립운동으로 쓰러져 간 수많은 열사 및 애국지사들과 그 후손들의 고된 삶 위에 이루어졌음을 기억해 주기를 기대합니다. 지면을 채우고 있는 한 분 한 분의 인생사가 그렇게 이 시대를 향한 작지만 강한 외침이 되기를 소원해 봅니다.

대한 독립 만세! 대한민국 만세!

광복 80주년을 맞이하는 2025년 8월 15일
광복회 수원시지회장
문광주

추천의 글

보훈은 '기억'에서 시작됩니다

광복 80주년을 맞이하는 뜻깊은 해에 우리
독립운동가 후손들의 삶을 한 자 한 자 써 내려간
수기집이 세상에 나오게 된 것을 진심으로
축하드립니다.
광복회 수원시지회에서 기획한 이번 수기집은 단순한
회고록이 아닙니다. 이는 한 시대를 살아 낸 이들의
목소리이자, 독립운동가의 후손으로 살아간다는 것의
무게와 의미를 우리에게 고스란히 전하는 살아 있는
역사입니다.
**나라를 위해 목숨을 아끼지 않은 독립운동가들의
숭고한 정신**이 그분들의 후손들에게 고스란히
이어졌고, 그 길은 결코 평탄하지 않았습니다.
이 수기집은 말없이 감내해 온 희생과 자긍심을
잃지 않은 삶의 자세, 그리고 후손으로서의 사명감을
생생히 담고 있습니다. 한 편 한 편의 이야기마다

가슴을 울리는 진정성과 시대를 관통하는 울림이 있습니다.

오늘 우리가 누리는 평화와 번영은 이분들의 숭고한 헌신 위에 놓여 있습니다. 그렇기에 이 책은 단순한 기록을 넘어 우리 사회가 기억해야 할 가치와 정신을 되새겨 주는 이정표와 같습니다.

보훈은 '기억'에서 시작됩니다. 이 수기집을 통해 더 많은 시민들이 독립운동가 후손들의 삶을 이해하고, 그들의 고단한 여정을 함께 공감하며 진정한 보훈의 의미를 마음에 새기게 되기를 소망합니다.

이 귀한 작업을 기획하고 정성스럽게 엮어 낸 광복회 수원시지회와 모든 관계자 여러분께 깊은 경의를 표합니다. 이 책이 다음 세대에게도 오랫동안 영감을 주는 귀중한 자료가 되기를 바랍니다.

2025년 8월
수원특례시장 **이재준**

역사를 지키는 최전선에 선 인생들

지난 6월 말일 어머니가 평소하시던 말씀을 모아 한 권의 책으로 출간한 바 있습니다. 평범한 여성으로 살기를 희망하시던 어머니는 독립운동 가문으로 시집와서 본의 아니게 중국으로 망명하여 항일운동에 참여하셨습니다. 1945년 해방이 될 때까지 약 30년간 독립투쟁의 뒤안길 일선에서 투쟁하신 분들을 뒷바라지하셨습니다. 그 가운데 아이들을 낳아 기르신, 그야말로 피나는 인생 역정에 관한 그분의 한탄 같은 말씀을 일일이 기억만으로 되찾아 역사에 대입하는 과정이 쉽지 않았습니다. 그러나 책을 마무리하고 나니, 돌아가신 지 30년 만에 다시 어머니를 만나 속 깊은 대화를 나눈 것 같아서 행복했습니다. 그래서 그 책을 어머니가 쓰신 자서전自敍傳이 아니라 아들이 대신 쓴 자서전子敍傳이라 이름 짓고 출간하였습니다.

이 시기와 맞물려 독립운동가 후손들의 이야기를 담은 책이 출간되어 그와 관련하여 추천의 글을 요청받고 이는 우연이 아니라는 생각이 들었습니다.

"친일세력들은 독립운동가들을 밀고하고 그 대가로 받은 돈으로 호의호식하며 권력과 부귀영화를 누리며 살았습니다. 반면 독립운동가들은 숨고 도망 다니느라 가정 살림이 형편이 없었습니다. 무엇보다 가족을 부양해야 할 시기에 가장들은 빼앗긴 나라를 되찾는 일에만 신경 쓰느라 가정은 뒷전이었습니다. 때문에 독립 유공자와 그 가족들 대다수는 생활고에 허덕이며 살아왔습니다. 고통과 배고픔으로 서러운 삶을 살아왔습니다. 목숨까지도 아끼지 않고 나라를 되찾는 일에 일생을 바친 결과치고는 너무 비정한 현실이었습니다."

- <기억합니다> 이영협 님의 이야기 중에서

오랜만에 눈물 없이는 할 수 없는 이야기를 접한 것 같습니다. 어렵게 입을 열어 아팠던 시간들을 토해 놓은 독립운동가 가족들의 삶에 이 책 한 권이 위로나 감사가 될까, 주저하면서 추천사를 써 내려 갔습니다. 그러나 책의 본문 가운데 위 문장을 대하자 '피나는 역사를 도저히 혀로 지워서는 안 된다'는 생각이 들어서 본문을 먼저 인용하며 글을 씁니다.

'동학군은 애국 투사를 낳고, 애국 투사는 수위를 낳고, 수위는 도배장이를 낳고…, 매국노는 친일파를 낳고, 친일파는 탐관오리를 낳고, 탐관오리는 악덕 기업인을 낳고….'
- 박완서의 장편 소설 <오만과 몽상> 중에서

모두 열여섯 분의 인생 이야기 중에 드물게는 대학교수나 대기업 임원으로 성공한 사례도 있지만 어렵게 산 이들이 대부분이었습니다. 그들을 마주하고 보니 독립투사의 자손과 친일파 자손의 엇갈린 우정을 다룬 소설가 박완서 님의 장편 소설 <오만과 몽상>이 그대로 적용되어 있는 것 같아 읽는 내내 마음이 불편했습니다. 저 또한 가정 형편상 일반 대학교보다 육사를 지원해야만 했던 터라 누구보다 공감하게 되어 더욱 불편했습니다.

당시 독립투사들에게 독립운동은 '그저 마땅히 해야 할 일'이었습니다. 그런 시대의 부름에 역행하여 그들과 대척점에 서서 그들을 밀고하고 학살하며 가족들까지 못살게 굴던 친일파들의 행적은 그때나 지금이나 이해하기 어렵습니다. 이들이 해방 정국 가운데 다시 득세하여 민족정기를 훼손하며 현재까지 존재하고 있다는 현실이 너무 안타깝습니다.

반성하지 않은 밀정 친일파 세력들은 시대의 흐름이 바뀌자 냉전 시대를 교묘하게 방패막이로 삼더니 이번에는 반공 투사로 변신하였고, 끝내는 '일제 시대가 더 좋았다', '일제가 우리 근대화에 도움을 주었다'는 식의 소리까지 하기에 이르렀습니다.
근래에 이르러서는 일제 강점기를 비난하거나
사과하라고 요구하는 사람들을 향해 오히려
'반일종족反日種族'이라는 요상한 단어를 제작해
반격하기도 합니다. 그들은 스스로를
신우파뉴라이트라고 합니다. 과연 이 땅의 우파는
밀정임을 자백하는 소리인가, 귀를 의심하게 됩니다.
이는 진짜 정통 보수에 대한 모독이라는 생각이
듭니다.
지금 우리는 이런 가짜 보수와 싸우지 않을 수
없는 처지에 놓여 있습니다. 일본에 나라를 넘긴
자들이 버젓이 우파라 자칭하는 것은 전통적 가치를
지키겠다는 양심적 보수 세력의 설 자리마저 없애는
일입니다. 나아가 사회 전체를 혼돈의 판으로 만드는
행위라고 생각합니다. 그런 점에서 독립운동가
후손들은 진정한 보수와 진정한 진보를 모두 보호하기
위한 최전선에 있다고 여겨집니다. 양손에 무기는

없지만 독립운동가들의 정신적 유전자로 무장해 일제 강점기에도 잃지 않았던 민족정기를 계속해서 지켜 나가야 할 것입니다.

이 책은 이 땅의 수많은 독립운동가들 수만큼이나 다양한 그들 자손들의 삶을 이야기하고 있습니다. 그들 한 명 한 명의 인생길은 독립운동가와는 또 다른 눈물겨운 생존 투쟁의 기록입니다. 일제 강점기, 해방 정국, 6.25 전쟁 등 굵직한 질곡의 현대사를 거치면서 가난과 무학의 지난한 세월을 견뎌야 했기 때문입니다. 다시 득세한 친일파의 후손들처럼 출세도 못하고 재산도 물려 받지 못하며 사회의 편견과 차별의 틀 안에 갇혀 살아야 했기 때문입니다.

"'독립운동을 하면 3대가 망하고, 친일을 하면 3대가 흥한다'는 말이 사라지게 하겠다."

최근 들어 희망을 품어 봅니다. 광복 80주년을 맞이하여 이재명 대통령이 전한 현충일 말씀은 광복회 회장으로서 최고의 헌사로 받아들이게 됩니다. 독립운동 사실을 숨기고 살아야만 했던 비정상의 시대에서 벗어나 역사적 정의가 살아 숨 쉬는 정상의 시대가 도래하리라는 기대가 큽니다. 가짜 보수가 판치는 역사를 멈추어야 할 것입니다. 그리하여 역사, 정신, 문화적으로 건강하게 회복된 대한민국을 세워 나가야 할 것입니다.

그런 뜻에서 이 책은 단순히 어렵게 살아온 후손들의 하소연이나 넋두리가 아닙니다. 일제 강점기 애국의 **표본인 독립운동가** 선조의 자랑스런 후예로서 정신 유산을 받들어 국가 사회에 기여하고자 하는 다짐이 서려 있는 책입니다.

대한민국 107년, 광복 80주년, 2025년 8월
광복회장 **이종찬**

대한민국의 역사로 살아온 사람들을 조명한 다큐멘터리

열여섯 편의 글은 독립운동가 후손들의 삶을
조명하고 있습니다. 어둠의 시대에 나라의 빛이 된
아버지, 어머니, 할머니, 할아버지에 대한 존경과
사랑과 그리움을 담고 있습니다. 더불어 가정을
책임지지 못하고 처와 자녀들에게 온갖 어려움을
떠안긴 데 대한 원망이 배어 있기도 합니다.
초등학교 교과서에 나온 아버지의 사진을 보고
독립운동을 하셨다는 것을 처음 알게 된 사람부터
돌아가신 지 수십 년 지난 후 정부의 독립운동가 선정
통보를 받고서야 그 사실을 알게 된 후손의 이야기도
있습니다. 그분들의 흔적을 찾기 위해 10년, 20년씩
국내외 곳곳을 누빈 자녀와 손주도 있습니다.
대부분의 글들은 원석原石과 같이 다듬어지지 않은
소리들 마냥 독립운동가 후손들의 삶을 더욱

생생하고 적나라하게 들려줍니다. 어릴 때 부모를
여읜 채 고아원에 맡겨지고, 부모 품에 있어야 할
나이에 집도 없이 구두닦이로 서울 생활을 시작하고,
어린 나이에 여공女工으로 가족들의 생계를 돕고,
소매치기에 전 재산과 같은 돈을 잃어버리는
등 저마다의 삶이 가슴 저린 사연들로 꼭 차
있습니다. 그런가 하면, 고난과 역경을 이겨내어
자수성가自手成家하고, 학교 선생님이 되어 아이들을
가르치며, 사회에 봉사 활동을 펴는 뿌듯한 후일담도
곁들어져 있습니다.

원래의 목적은 독립운동가 후손들의 삶을 그려내기
위함이지만, 책의 내용은 대한민국의 역사와
함께 한 많은 평범한 사람들이 겪은 한 편의 인생
다큐멘터리라고 해도 손색이 없습니다. 6.25 전쟁으로
인민군에게 붙잡혀 가다가 간신히 탈출하고,
월남越南 파병을 신청하며, 돈을 벌기 위해 중동中東
건설 현장에서 땀 흘려 일하고, 삼성과 같은 세계적

기업에 속해 첨단 반도체를 수출해 온 바로 우리들의 모습이라는 점에서 그러합니다.

국가 유공자들에 대한 국가의 역할에도 시사하는 내용이 많습니다. 정부가 숙소를 마련하고 연금을 주는 것을 감사하게 여기면서도 절실히 필요할 때 받지 못한 안타까움을 토로하고 있습니다. 독립운동 사실 증명 과정과 관련하여 복잡한 확인 절차에 대한 서운함도 묻어 납니다. 보훈 정책을 담당하는 사람들이 곱씹어 봐야 할 내용입니다.

이 책을 이 시대를 함께 걸어온 여러분들에게 추천합니다. 대한민국의 장래를 짊어지고 나갈 다음 세대와 젊은이들도 시간 내어 읽어 보기를 권합니다. 무엇보다 역사 연구자들과 사학자들에게 사료史料로서 좋은 토대를 제공한다는 점에서 이 책을 곁에 두었으면 합니다.

2025년 8월
인하대학교 초빙 교수 **현정택**

차 례

책을 펴내며 4
위로와 치유의 서사를 염원하며 **문광주** 4

추천의 글 10
보훈은 '기억'에서 시작됩니다 **이재준** 10
역사를 지키는 최전선에 선 인생들 **이종찬** 12
대한민국의 역사로 살아온 사람들을 조명한
다큐멘터리 **현정택** 19

차례 22

하나_ 그립습니다 24
굴곡진 인생의 대물림에도 어머니를 이해하며 **김정국** 27
청렴한 의용대원에게 물려받은 겸손과 담대함 **엄희덕** 37
항일 운동가 아버지를 여읜 고아로서의 삶 **오청자** 47
비밀 결사대 출신의 평범한 가장인 아버지의 선물 **소피아** 59
홀어머니 슬하에서 꿈꾸던 평범한 가정 **임헌영** 71

둘_ 존경합니다 80

대를 이은 애국과 신앙이 흘려보낸 선한 영향력 **윤대성** 83
한 줌 잿개비로 돌아온 양부, 지독히 가난한 친부 **이동환** 95
첩첩산골 빈농에서 시작된 가난의 굴레 **이영협** 107
인정 많은 애국자 아버지 대신 가장이 되어 **임재두** 121
법정 다툼을 계기로 마주한 외조모의 생애 **정은섭** 133

셋_ 감사합니다 142

애국을 대물림한 가문의 용기_ **곽기룡** 145
빈곤에도 꺾이지 않은 조부를 향한 존경심 **곽영달** 153
부산, 해주, 평택, 결국 고아원까지! **박수해** 165
눈 뜨면 이사하던 설움, 그래도 그보다 크신 아버지 **선우엽** 173
인생의 유연함을 가르쳐 준 상담 봉사 **이문규** 189
가난의 대물림으로 여공으로 살았음에도 **임하영** 199

에필로그 206

독립운동가 후손으로 소개된
이야기의 주인공들을 만나러 갑니다.

하나 - 그립습니다

굴곡진 인생의 대물림에도 어머니를 이해하며_ 김정국
청렴한 의용대원에게 물려받은 겸손과 담대함_ 엄희덕
항일 운동가 아버지를 여읜 고아로서의 삶_ 오청자
비밀 결사대 출신의 평범한 가장인 아버지의 선물_ 소피아
홀어머니 슬하에서 꿈꾸던 평범한 가정_ 임헌영

굴곡진 인생의
대물림에도
어머니를 이해하며

김정국 독립운동가 이복점 애국지사의 아들

어머니는 독립 선언문을 인쇄하시던

"가엾은 아들딸들에게 부끄러운 현실을 물려 주지 않기 위해서 독립된 나라를 물려주어야 합니다. 이런 상태로 물려주는 것은 참으로 부끄러운 일입니다."

어머니는 여장부셨습니다. 옳은 일이라고 판단하면 적극적이고 강하게 밀어붙이며 일사천리로 일을 진행하셨습니다. 그런 어머니에게 가장 가깝고도 큰 힘이 된 동지는 이모였습니다. 중학교 교편을 잡고 계시던 이모와 어머니가 함께 의기투합하여 독립 선언문을 인쇄하였습니다. 가정 형편이 비교적 넉넉했던 덕분에 광주에서 등사판을 구입해 곡식 창고에 설치해 놓고, 일본 동경에서 2.8 독립 선언에 참가하고 돌아온 당시 유학생 남궁혁, 배치문, 서화일 선생님 등과 교류하며 독립 선언문을 인쇄했던 것입니다. 독립운동에 필요한 자원을 아낌없이 사용하며 마을 사람들이 독립운동에 많이 참여하도록 적극적으로 독려하고 연락하셨습니다. 훗날 YWCA에서 지도자로 일할 만큼 지성인이셨고 그런 자원으로 사회에 선한 영향력을 끼치려고 늘 노력하셨던 분입니다. 그런 어머니를 두고 아버지는 입버릇처럼 천사 같은 사람이라 부르곤 하셨습니다. 남성 독립운동가들과 달리 보다 섬세하고 여성적인 감각으로 1919년 4월 8일 독립운동을 이끄셨습니다.

전쟁 중 두 번의 죽을 고비를 넘겨

해방의 기쁨도 잠시 6.25 전쟁이 일어났습니다. 전쟁이 나던 해 8월 쯤이었습니다. 전쟁 중에도 개학한다는 소문이 동네에 퍼지면서 학생들이 있던 집들은 등교 준비로 떠들석한 날이었습니다. 고민하다가 누나와 저도 등교하기로 했습니다. 학생들을 운동장에 모아 놓고 연설을 하는데 좀 이상한 느낌이 들었습니다. 생각해 보니 붉은 완장을 찬 공산당 앞잡이들이었습니다. 도봉산 다람쥐라고 불릴 정도로 약삭빠르던 저는 이상하다는 생각이 들자 바로 도망갈 궁리를 했습니다. 마침 화장실이 가까이에 있는 것을 보고 완장을 찬 사람에게 화장실이 급하다고 말하며 화장실로 향했습니다. 화장실을 지나 학교 담을 넘은 후 앞만 보고 쉬지 않고 달렸습니다. 예감대로였습니다. 학생들을 학교로 소집한 그들은 학생들을 잡아가려던 행동대원이었던 모양입니다. 아무것도 모르던 누나와 친구들은 그들에게 붙잡혀 어디론가 끌려가 버렸습니다. 숨이 턱까지 차오르도록 뛰어서 간신히 집에 도착해 저는 살 수 있었지만, 그날 이후 누나는 집으로 영영 돌아오지 못했습니다. 누나는 반장을 할 정도로 똑똑하고 성실한 학생이었습니다. 당시 제 나이 15세에 겪은 일입니다.

아버지는 마냥 누나가 돌아오기를 기다렸고, 살아난 저는 그때부터 집안에 갇혀 지낼 수밖에 없었습니다. 너무 집에만 있다 보니 좀이 쑤시고 바깥 생활이 궁금해 견딜 수 없었습니다. 그 일이 있은 후 어느 날, 어머니가 식량을 구하러 나가신 틈을 타서 몰래 집밖으로 나가 둘러보다가 저 또한 누군가에게 잡혀 끌려가게 되었습니다. 서울 종로2가 파출소였습니다. 그곳에는 제 또래나 좀 더 나이 많은 사람들이 꽤 잡혀 와 있었습니다. 사람들이 꽤 모이자 잡혀온 사람들을 모두 트럭에 싣고 어디론가로 향했습니다. 미아리 고개를 넘어갈 때쯤이었습니다. 고개를 넘을 때 속도가 느려지는 기회를 놓치지 않고 차에서 뛰어내렸습니다. 고양이처럼 공중에서 몸을 한 바퀴 돌면서 뛰어내려 지난번처럼 앞만 보고 도망쳤습니다. 다행히도 저 한 명 때문에 차를 세우지는 않아 또 다시 살아 돌아갈 수 있었습니다.

  1951년 1월 4일, 당시 중공군의 공격으로 서울을 포기하고 한강을 건너는 기나긴 피난 행렬이 이어졌습니다. 그때까지도 아버지는 누나를 기다리며 집에 계시기로 하셔서 어머니와 저만 피난길로 나섰습니다. 제 나이 16세쯤으로 기억합니다. 아마 그때 서평택이 UN 관할 지역이어서 비교적 안전했던 것 같습니다. 한강 다리를 건너 관악산을 지나 안양, 군포, 서평택까지 안전한 산길을 따라 걸었습니다. 서평택에 도착해서 마주한 1년 동안의 고생은 이루 말로 다할 수 없습니다. 그곳에 정착했을 즈음 어린 나이에도 몇 십리를 걸어서 간단한 생필품을 떼어다가 동네에 내다 팔며 생계를 이어 갔습니다. 그 시절을 떠올리면 깊은 한숨이 절로 새어 나옵니다.

과외, 제약 회사, 물류 창고를 거쳐

1년쯤 지나서 다시 서울로 돌아와 북부 훈육소가 있던 대동상업고등학교에 입학했습니다. 중학교 과정을 월반하여 고등학교에 들어가게 된 것입니다. 고등학교를 졸업한 후에는 군에 입대하였습니다. 상업고등학교 출신인 덕분에 군 입대 후 경리 학교에 들어가게 되었고, 그곳 내무반장으로 비교적 편하게 지낼 수 있었습니다. 제대 후에는 좋아하던 수학 과목으로 개인 과외를 시작한 것이 거의 직업이 되어 10년 가까이 아이들을 가르칠 수 있었습니다. 상류층 자녀들이 주로 다니던 서울 교동국민학교 학생들도 많이 지도하였습니다. 박정희 정부가 집권한 후 과외 금지령이 내리면서 대학생이 아닌 일반인들은 더 이상 과외 지도를 할 수 없게 되었습니다. 학부모들 중 누군가가 저를 어느 병원장에게 소개시켜 주면서 그 병원 직원으로 일을 이어 갈 수 있었습니다. 병원 행정 일은 처음이었지만 성실함을 무기로 6년쯤 일할 수 있었습니다. 서울의 어느 종합 병원에서 물품 구매직에 근무할 때 병원장님이 건넨 말씀을 지금도 기억하고 있습니다.

"일하면서 많은 거래처와 만나게 될 텐데 사적으로 만나서는 안 될 일이네. 커피를 한 잔 마시면 점심을 같이 먹게 되고, 점심을 먹다 보면 저녁도 먹고, 저녁을 먹다 보면 술잔을 기울이게 되면서 사적인 이해관계에 휘말릴 우려가 있는 법이야."

병원장님의 충고를 그대로 지키며 살다 보니 급여 외에는 욕심을 내지 않았습니다. 그때의 직장 생활이 평생토록 삶의 습관이 되었습니다. 당시 병원에서의 이력 덕분에 훗날 제약 회사로 이직하게 되었고, 사장님의 신뢰를 받으며 또 많은 일을 맡아 할 수 있었습니다.

2년여 일한 제약 회사를 그만둔 후, 59세쯤에는 의류 물류 창고에서 일하게 되었습니다. 나이 들었다고 무겁거나 힘든 일을 시키지 않으셔서 고마워하며 다니던 중 회사 개선 제안 제도에 참여하게 되었습니다. 그간 일하면서 느낀 개선 사항들을 정리해 올렸는데, 놀랍게도 저의 제안이 채택되어 봉급까지 인상되었습니다. 무엇보다 저의 제안으로 품질 관리 검사 부서가 만들어지고 그와 관련하여 승진까지 하게 되었습니다. 성취감으로 정말 재미있게 일하다 보니 6년이라는 세월이 금방 지나가 버렸습니다.

평안한 여생 중에야 어머니를 이해하며

　1999년에는 하남시로 이사를 오게 되었습니다. 모든 것을 내려놓고 조용히 살고 싶다는 생각이 들었지만 부지런한 성격이 쉽게 바뀌지 않았습니다. 그래서 시작한 것이 봉사입니다. 하남 시청 앞에서 저보다 나이 많은 어르신들을 안내하는 안내 위원으로도 봉사하고, 초등학교 앞에서는 등굣길 도우미로도 봉사했습니다. 그 결과 많은 기관으로부터 모범노인상, 하남시장상, 시의회의장상, 지역회장상 등을 수상하기도 했습니다.

　어느덧 여든이 넘은 나이가 되었습니다. 저도 모르는 사이에 노인이 되어서 하루하루가 버겁게 느껴지곤 합니다. 감사하게도 2022년 5월 국가 보훈처 경기동부보훈지청이 유공자 후손에게 제공하는 국가 보훈원으로 이사해서 평안한 여생을 보내고 있습니다.

　기쁘고 편안한 시간보다 어렵고 거친 시간이 많은 인생이었습니다. 왜 그렇게 살아야 하는지도 모를 뿐더러 생각할 여력도 없이 시대에 그저 순응하며 살았습니다. 우리들의 부모 세대가 환란의 시대에 나라를 먼저 살려야 했기에 후손인 저는 거칠고 험한 시간을 보낼 수밖에 없었던 것 같습니다. 시대의 굴곡을 받아들인 부모님, 특히 어머니의 선택이 옳았다는 것을 압니다. 그런 어머니의 나라 사랑이 고귀하고 자랑스럽지만, 또 한편으로는 어머니를 너무 늦게 이해했던 것이 미안하고 안쓰럽습니다. 어디에서 어떤 일을 하든지 정직과 정의를 마음에 두고 살았던 것은 어머니가 물려주신 유산이라고 고백하며 뒤늦게나마 어머니의 마음을 깊이 헤아려 봅니다.

"내가 한 일은 아무것도 없다. 그들 모두가 애국자요, 그들 한 사람 한 사람 모두가 애국자이다. 이씨 조선의 후예로서 (나라를 끝까지 지키지 못하고 일본에 빼앗긴 것이) 오히려 부끄러울 뿐이다."

어머니가 남기고 가신 말씀을 깊이 대뇌이는 것으로 한없이 그리운 어머니를 대신해 봅니다.

독립운동가 **이복점**李卜点 애국지사 (1893-1985)

1919년 목포에서 만세 운동을 추진하기 위해 강원도 평강중학교 교사인 동생 이은득 선생 등과 함께 독립 만세 운동을 계획하고 준비한다. 그해 4월 8일 영흥학교 및 정명여학교 학생들을 비롯해 청년, 기독교인들 등과 목포역 앞에서 독립운동을 전개한다. 치마 속에 태극기와 인쇄물을 감춘 채 거리로 뛰어나가 '대한 독립 만세'를 외친 것이다. 그 사건으로 일본 경찰에 의해 체포되어 혹독하게 구타 및 취조를 당한다. 만세 운동이 있던 해 6월 보안법 위반으로 광주 지방 법원 목포 지원에서 징역 6월 집행 유예 2년을 선고 받는다. 2022년 대한민국 정부로부터 이은득 자매에게 대통령 표창이 추서된다. 현재 대전 현충원에 안장되어 있다.

36 하나_그립습니다

청렴한 의용대원에게 물려받은 겸손과 담대함

엄희덕 독립운동가 엄승기 애국지사의 딸

재수감과 출옥 후에도 독립운동을

"죄를 지어 감옥에 간 적이 있었습니까? 혹은 국가를 위해 과거에 한 일이 있었던가요?"

아버지가 미국을 방문할 당시 신원 조회 과정에 받았던 질문입니다. 그때 아버지의 나이가 여든이 넘었습니다. 경찰관의 그 질문으로 인해 아버지가 독립운동으로 감옥에 가게 된 사실을 그제야 가족이 알게 되었습니다.

혹여 나라에 누를 끼칠까 싶어 아버지는 평생을 살아오시며 독립 유공자 등록을 거절하셨습니다.

그때 그 시절에는 누구나 그러했듯 아버지도 우리 민족을 한마음으로 사랑했을 뿐이라고 말씀하셨습니다. 그러니 아버지가 하신 일은 큰일이 아니라 그저 마땅히 해야 할 일을 했을 뿐이라는 고백이셨습니다.

"선배님, 독립운동하신 일로 정부에서 주는 혜택을 받으셔야죠."

후배 독립운동가 김성원 교수님이 오셔서 권유하셨을 때도 아버지는 함경도 사투리를 써 가며 완강히 거절하셨습니다. 아버지는 일본 메이지대학교 법학부를 졸업하셨습니다. 당연히 일본어를 유창하게 구사할 수 있으셨지만 일본어를 전혀 사용하지 않으셨습니다. 간혹 '일본 놈들'이라고 분함을 토하실 뿐이었습니다.

아버지가 일본 경찰에 연행되어 수감된 것은 1919년 함경남도 함흥에서 격렬하게 일어났던 3.1운동 때문입니다. 출옥 후 1920년 다시 체포되어 재수감되었지만 아랑곳하지 않고 이후 대한 청년단 연합회 회원으로 또 다시 독립운동가로 활동하셨습니다. 어린 제가 아버지 옆에 쪼그리고 앉아 있는 장면이 지금도 눈에 선한데, 그럴 때면 아버지는 투박한 함경도 사투리로 그때 당시의 이야기를 한 편의 드라마처럼 실감나게 들려주곤 하셨습니다. 아버지가 가입한 단체는 1920년 만주 관전현에 근거를 둔 국내 지부인 대한 청년단 연합회 함경도 의용대였습니다.

같이 활동하던 박경구, 채규연 단원들과 함께 통고 문서를 작성하고 군자금을 운송하는 등의 이야기들이었습니다. 군자금을 운송하시던 중에 만주에서 마적들에게 포위되었을 때 아버지가 품 안에서 총을 꺼내는 척해서 화를 피한 적도 있다는 이야기는 드라마의 한 장면처럼 여전히 생생하게 기억하고 있습니다. 독립운동가로서 아버지의 순간적 판단과 대응이 비범했던 것입니다. 어릴 때는 몰랐는데 지나고 보니 아버지가 들려준 이야기들은 한낱 동화나 드라마가 아니었습니다. 투쟁의 삶 그 자체였습니다.

집에 추담 스님의 붓글씨 작품이 몇 점 있습니다. 지금도 방에 걸려 있는데 아버지가 필요할 때 내다 팔면 생계에 조금이나마 도움이 될 거라며 추담 스님이 붓글씨를 적어 주신 것입니다. 아버지의 삶이 많이 궁핍했던 것 같습니다. 제가 어릴 때 많은 분들이 아버지를 찾아왔습니다. 독립운동가 선후배들과 소위 지방에서 유지라 불리던 분들입니다. 늘 가난했지만 아버지는 누구 앞에서든 주눅이 들거나 자세가 흐트러지신 적이 없으셨습니다.

"나라가 가난하고 가솔이 조촐하니 내 뼈로 나의 육신으로 벌면 된다."

아버지는 나이가 드실수록 농사나 양계 등을 일삼는 시골 생활을 더 좋아하셨습니다. 판사이신 아버지의 친구분에게 문안 인사를 가면 '붓대 하나만 있으면 잘 살 수 있는데 왜 그 고생을 하는지 모르겠다'라는 말씀을 아버지 대신 제게 하시곤 하셨습니다. 어쩌면 아버지가 주변 사람들에게 존경 받으신 이유가 그런 태도 때문일 것입니다.

물려받은 정신력으로 암을 이기고

아버지 옆에 늘 함께 하던 어머니는 아버지와 참으로 잘 어울리던 분이셨습니다. 피부가 희고 매끈하며 이목구비가 예쁘고 키까지 크셨습니다. 이씨 왕조 완풍대군의 후손으로, 족보에 '전주 이씨 완풍군자손록 27, 완풍대군 원계 1세, 완녕군서 2세'라고 표기된 것을 처음 보고 깜짝 놀란 적이 있습니다. 어머니는 22세 연상인 아버지를 만나 저를 낳으셨습니다.

"아~, 고추 하나 달고 나왔더라면!"

제가 여자아이로 태어난 것에 아버지가 아쉬웠던 모양입니다. 가끔 듣곤 하던 이 말에 종종 화가 날 때도 있었지만 저는 두 분의 무한한 사랑과 따끔한 회초리 훈육을 받으며 자랐습니다. 두 분은 금실이 아주 좋았습니다. 어머니가 밥 지을 때마다 아버지는 왕겨로 아궁이에 불을 지피던 장면이 어린 제 눈에도 따뜻하고 다정한 모습으로 남아 있습니다.

저는 함경남도 함흥에서 두 분의 외동딸로 태어났습니다. 6.25 전쟁 중에 부모님 등에 업혀 피난하여 남한으로 내려오게 되었습니다. 서울 종로국민학교, 배화여자중고등학교를 거쳐 이화여자대학교를 장학생으로 졸업했습니다. 이후 미국으로 건너가 플로리다^{Florida} 주 노바사우스이스턴대학교$^{Nova\ Southeastern\ University}$에서 경영학 석사 학위$^{Master\ of\ Business\ Administration}$를 받았고, 서울대학교 의과 대학을 졸업한 남편을 만나 슬하에 두 아들을 두었습니다. 가족 모두 미국으로 건너간 후에 남편은 미국에서 다시 인턴과 레지던트를 거쳐 의사로 지내며 평범한 미국 생활을 이어 갔습니다. 전 재산을 들여 플로리다 주에 개원하게 되었는데 남편이 서울대학교 병원 인턴 시절 알게 된 간호사를 다시 만나게 되면서 가정이 걷잡을 수 없이 허물어졌습니다. 어떻게 수습해야 할지 엄두가 나지 않았습니다. 계속해서 이혼을 요구하는 남편 주변을 맴돌며 생활비를 구걸하다시피 해서 두 아들을 키워야 했습니다. 그 와중에 힘들게 얻은 MBA 학위로 직장을 갖게 되었고, 덕분에 생계를 유지하며 어머니와 아이들을 돌볼 수 있었습니다. 이제는 두 아들 모두 장성하여 미국에서 전문직으로 잘 살고 있는 것에 감사합니다.

 아주 어릴 때부터 소위 '스파르타식' 교육을 받았습니다. 종로국민학교에 입학하여 1학년부터 6년 동안 청량리 방면인 전농동에서 종로까지 전차로 통학하며 다녔을 정도입니다. 야생마처럼 자란 덕분에 지금도 다리가 튼튼하며 운동을 좋아합니다. 저를 지극히 사랑하면서도 마치 투우사처럼 대하고 키우셔서 매사에 의지가 강하고 독립심이 뛰어난 편입니다. 가정의 고통으로 암흑 같은 시간을 지날 때도, 3년 전 림프종 암 수술 후 전이로 한때 큰 낙심이 찾아왔을 때도, 인생의 큰 난관을 이기고 견뎌 낼 수 있었던 것은 아버지가 심어 주신 강한 정신력 때문이라고 생각합니다. 나라와 민족을 향하던 아버지의 초년의 사랑이 노년에는 가족과 하나밖에 없는 딸인 저를 향했습니다. 그 사랑의 힘이 저를 강하게 만든 것입니다.

극기, 겸손, 청렴의 철학으로

수감 중 당하셨던 고초로 인해 아버지는 돌아가시기 직전까지 극심한 고통에 시달려 약을 계속 드셔야 했습니다. 고국 대한민국에는 아버지의 산소를 보살필 자손이 없기에 2003년 독립 유공자 등록을 마친 후 이장을 했습니다. 그렇게 대전 현충원 애국지사 제3묘역 84에 안장할 수 있었습니다. 애국지사 박경구 선생은 제3묘역으로 아버지의 앞줄에 계십니다. 아버지를 뵈러 갈 때면 그분의 묘에도 미소로 인사드리곤 합니다. 두 분이 함께 계시니 아마도 외롭지 않으리라 생각합니다.

"우리나라는 지하자원이 부족해서 후손들에게 공부를 많이 시켜야 한다."

"몸이 성치 않은 사람에게는 늘 잘해 주어라."

"8월 15일 오늘처럼 기쁜 날, 태극기 달고 나에게 맛있는 것 주시오."

아버지가 나라를 생각하고 사랑하신 소신, 평생의 성정, 남기신 말씀들이 한없이 소중하게 느껴집니다. 특히 일생을 근검절약하며 살아오신 아버지의 삶을 우리 후세에 상세하게 전하고 싶습니다. 미국에서 살면서 아버지의 삶을 중심으로 우리나라 독립운동의 역사를 학생들은 물론 많은 내외국인에게 전하는 것이 앞으로 제가 하고 싶은 일입니다.

'극기克리, 겸손謙遜, 청렴淸廉'

항상 가슴에 소중히 간직하고 있는 아버지의 유언과도 같은 철학입니다. 8.15 광복절을 맞이할 때마다 새록새록 떠오릅니다. 아버지의 삶의 철학을 뒤늦게야 깨달으며 '이런 아버지를 다시 한번 뵐 수 있다면!' 생각할 때가 많습니다. 언제부터인가 아버지를 생각하면서 작은 바람이 생겼습니다. 첫 번째가 아버지처럼 극기하며 살고 겸손한 모습으로 당당하게 살아가는 것입니다.

또 한 가지는 아버지의 삶을 작은 다큐멘터리로 제작해 보는 것입니다. 그날을 꿈꾸며 조국 독립을 염원하면서 이국땅 만주 벌판을 오가시던 아버지의 모습을 그려 봅니다.

독립운동가 **엄승기**嚴升基 애국지사 (1895-1982)

1919년 3월 함경남도 함흥에서 격렬하게 진행된 3.1 만세 운동에 앞장서서 참여한 일로 일본 경찰에 체포된다. 그해 6월 1심에서 징역 10개월을 선고받은 후에 2심에서는 징역 6개월로 감형을 받는다. 대한 청년단 연합회 함경도 의용대 소속으로 군자금 모금 및 운송, 문서 배포, 비밀 연락 등으로 활발하게 활동한다. 이러한 활동이 일본 경찰에 알려지면서 체포되어 함께 붙잡힌 17명의 단원들과 함께 많은 고초를 겪게 된다. 2003년 건국 포장이 추서되어 현재 대전 현충원에 잠들어 있다.

항일 운동가
아버지를 여읜
고아로서의 삶

오청자 독립운동가 오평윤 애국지사의 딸

할머니 부고가 갈라 놓은 생이별

　외가댁은 제주도에서 꽤 부자였습니다. 지금도 외조부가 대단하게 여겨지는 것이, 당시 일본에 있던 어린 아버지에게 당신의 어린 딸을 보내신 것입니다. 그때 아버지는 10대를 갓 넘긴 나이였고 어머니의 나이도 겨우 16세였습니다. 제주 4.3사건이 일어나기 전에 아버지는 일본으로 건너간 것입니다. 지금도 타국살이가 힘이 드는 법인데 그 시절 일본에서의 생활은 오죽했을까 생각됩니다.

일본에서 시작된 아버지와 어머니의 신혼살림은 너무 어려웠습니다. 오빠 두 명과 저를 낳고 살던 중 할머니가 돌아가셨다는 소식을 듣게 되었습니다. 그 일로 어머니는 저희 남매를 데리고 제주도로 돌아오게 되었습니다. 제주도로 귀국한 지 얼마 후 제주 4.3사건이 일어났습니다. 수많은 제주도민들이 다치고 죽은 사건입니다. 우리 집의 큰오빠도 그때 세상을 떠나고 말았습니다. 그뿐이 아니었습니다. 그 사건으로 외가 식구들이 모두 돌아가시면서 외가댁도 풍비박산이 났습니다. 제주도에서는 일본보다 훨씬 더 어렵고 비참한 현실이 기다리고 있었습니다. 어머니가 할 줄아는 것은 삯바느질이 전부였습니다. 오빠와 저는 어린 나이에도 산에서 나무를 베어다가 땔감을 만들어 팔아 생활해야 했습니다.

　아버지는 어린 나이에 사회 활동에 눈이 뜨였던 것 같습니다. 약자일 수밖에 없는 노동자 편에 서서 노동 운동에 관심을 갖게 되면서 자연스레 위태로운 나라의 형편을 보게 되었습니다. 독립운동을 시작하게 된 배경입니다. 우리가 힘겨운 고향 살이를 하는 동안 아버지는 치안 유지법 위반으로 일본 대구 지방 검찰청에 체포되어 징역 3년 형을 선고받아 옥고를 치러야 했습니다. 감옥에서 아버지의 몸이 망가질대로 망가졌던 모양입니다. 막내딸을 보고 싶어 한다는 아버지의 소식을 전해 듣기는 했지만 제 기억에는 아버지와의 재회가 없습니다. 옥고를 치른 후 제주도로 돌아왔으나 몇 해 살지 못하고 제 나이 겨우 세 살 때에 돌아가신 것으로 전해 들어 알고 있습니다.

부모마저 여의고 고아가 되자

장남이던 아버지에게 할아버지로부터 물려받은 땅이 있다는 사실을 뒤늦게야 알게 되었습니다. 하지만 이미 작은아버지가 우리 가족들 모르게 아버지의 땅을 가로챈 뒤였습니다. 아버지도 없이 우리 식구가 그렇게 어렵게 사는데도 도움은커녕 아버지가 받은 유산마저 가져간 것입니다. 한번은 정부에서 세금 고지서가 날라온 적이 있었습니다. 상속받은 아버지 명의의 땅에 대한 세금 고지서였습니다. 돌아가는 형편을 잘 모르다 보니 땅에 대한 세금이 우리 가족의 몫이 되었습니다. 작은아버지는 그 땅을 자기 소유인 것처럼 사람들에게 빌려 주고 추수철에는 빌려 준 대가로 추수한 곡식을 모두 가져가셨습니다. 정말 먹고 살기 어려울 때 보리 한 말이라도 우리를 도와주었다면 이렇게까지 밉지는 않았을 것입니다. 어머니마저 돌아가시자 고아가 된 어린 오빠와 저는 점점 살기 어려워졌습니다.

　오빠가 중학교에 다닐 때쯤입니다. 오빠에게 밥을 해 주고는 철없이 얼마나 잔소리를 했는지 모릅니다. 돈을 벌어 가면서 학교를 다녔는데 학비를 낼 형편이 안 될 때면 또 소나기처럼 잔소리를 쏟아 내곤 했습니다. 말이 오빠일 뿐 여동생인 제가 거의 엄마처럼 굴었습니다. 어른이 되어서도 저에게 꼼짝 못할 정도로 오빠는 착한 성품을 지녔습니다. 돌아보면 그 시절을 어떻게 살아 냈는지 모르겠습니다.

　오빠가 일본으로 떠나고 저 혼자 제주도에 살던 시절, 아버지의 묘소에 도로가 난다는 소식을 들었을 때였습니다. 알고 보니 작은아버지가 아버지 묘지의 주변 땅마저도 자신의 명의로 바꿔 놓고 있었습니다. 그때도 우리 남매는 여전히 어렸지만 도저히 그냥 있을 수 없어서 일본에 살던 오빠에게 연락하면서 그 땅을 어렵게 우리 소유로 되돌려 놓은 적이 있습니다. 묘지가 도로로 편입되면서 1억8천만 원 정도의 보상금을 받을 수 있었습니다. 그때 받은 보상금 중 5천만 원 정도를 작은아버지에게도 드렸습니다. 그런데도 사촌들은 보상금을 조금도 주지 않았다고 얼마나 야단이었는지 모릅니다.

지하방 벗어나자 남편과 사별하고

저보다 한 살 위의 막내 삼촌이 섬에서 더 이상 힘겹게 살지 말라고 하셔서 오빠와 같이 제주도를 떠나 수원에 정착하게 되었습니다. 제 나이 20대 초반이었습니다. 수원에서 작은어머니가 잡화점을 운영하고 있었습니다. 자연스럽게 작은어머니가 운영하는 가게에서 점원으로 있으며 일도 배우며 벌이도 하게 되었습니다. 제주도보다 나은 삶을 기대했지만 힘든 생활은 변하지 않았습니다.

당시 20대 초반은 결혼 적령기로 저에게 혼처가 들어왔습니다. 남편은 피난 나온 강원도 사람이었는데 가진 것 하나 없던 가난뱅이였습니다. 수원 외곽의 연립 주택 지하방에 신접살림을 차렸습니다. 어려운 생활의 연속이었음에도 장손가의 장남이어서 많은 제사까지 감당해야 했습니다.

슬하에 아들 둘, 딸 하나를 두었습니다. 딸은 수원 비행장에서 일하다가 주한 미군과 사귀어 결혼하고 미국에 건너가 살고 있습니다. 사위가 미국인이라 미국을 두 번 방문한 적이 있습니다. 작은아들과 딸이 미국여행을 시켜 줄 요량으로 우리 부부를 초청한 것입니다. 막상 미국에 가

보니 딸의 생활도 녹록하지 않았습니다. 17일간의 미국 서부 여행이 낯설긴 했지만 자녀들과 함께 하는 내내 정말 즐거웠습니다. 생활이 어려운데도 비행기표를 끊어 주고 렌트카로 여행을 시켜 준 딸 내외와 작은아들이 정말 감사합니다.

   그것도 잠시, 미국 여행에서 돌아온 남편이 갑자기 화장실에서 넘어졌습니다. 당시의 남편은 잠들지 못한 날들이 꽤 많아서 수면제를 자주 먹는 것 같았습니다. 그날 밤에도 뒤척이다가 혼자 화장실에 가던 도중에 그만 넘어져서 골반이 골절된 것입니다. 쉽게 낫지 않고 치료 기간이 점차 길어졌습니다. 친정아버지가 독립 유공자로 지정이 되어 연금 수급이 시작되던 시기로, 오랜 세월 동안 연립 주택 지하에서 살다가 어렵게 현재의 아파트를 구입해 들어간 상황이었습니다. 이제 따뜻하고 편리한 아파트에서 살아 보는가 싶었는데 남편이 몸져 누우니 너무 속이 상했습니다. 마침 코로나19로 인해 남편을 만나러 병원에 갈 수도 없었습니다. 골반 골절로 점점 힘을 잃어 가던 남편은 결국 코로나19를 버티지 못하고 세상을 떠났습니다. 마음이 너무 아프고 슬펐습니다.

간질병 큰아들을 요양 병원에 보내고

남편과의 사별 못지 않은 또 하나의 큰 아픔이 있습니다. 큰아들입니다. 태어난 지 얼마 안 되어 간질을 앓게 되었습니다. 발작할 때마다 아들도 가족도 너무 힘이 듭니다. 직장 생활을 시작했다가도 얼마 버티지 못하다 보니 입사와 퇴사를 계속 반복할 수밖에 없었습니다. 일하다가도 갑자기 발작을 일으키니 회사 측의 태도도 이해가 되었습니다. 결국 큰아들을 요양병원에 보내게 되었습니다. 병원 생활로 큰아들의 증상이 개선되는 게 아니라 갈수록 심해지며 몸도 조금씩 망가져 갔습니다. 면회를 가면 엄마인 저를 알아보고는 집에 가고 싶다고 말합니다. 저도 파킨슨병을 앓고 있어서 아들의 간청을 들어줄 수가 없는 형편입니다. 엄마로서 마음이 찢어집니다. 어제도 오늘도 아들 생각만 하면 마음이 아프다 못해 고통스럽습니다. 큰아들이 벌써 54세나 되었습니다. 엄마인 저와 같이 늙어 가는 처지가 된 것입니다. 다행스럽게도 작은아들은 공부도 잘했고 한 가정을 일구고 가족들과 천안에서 잘 살고 있습니다.

자라면서 부모를 잘못 만나 고생한다는 생각을 많이 했는데, 우리 자녀들도 부모를 잘못 만나 고생한다고 생각하니 마음이 많이 아픕니다.

독립운동가 가정에서 태어난 사람들 대부분이 그렇겠지만 저는 배워야 할 시기에 배우지 못했습니다. 그래서 자식만큼은 잘 가르쳐야지 마음을 단단히 먹곤 했는데 인생이 뜻대로 되지 않았습니다. 사랑하는 오빠도 8년이나 식물인간으로 살다가 2년 전 일본에서 돌아가셨습니다.

무책임한 아빠가 독립 유공자라니

제가 수원에서 살 때, 아버지가 독립운동가로 지정되었으니 서류를 준비하라고 국가에서 제주도 집으로 우편물을 보냈던 모양입니다. 작은아버지가 그 우편 공문을 받아서 찢어 버리고는 연락해 주지도 않았습니다. 어릴 때부터 작은아버지와 엄청 싸웠습니다. 아버지의 재산을 가로챈 것부터 어린 조카 남매가 너무도 어려울 때 외면하신 것 등이 늘 속상했습니다. 아버지 땅에 무상으로 귤 농사를 크게 지으면서도 귤 한 상자 보내는 법이 없었을 정도였습니다. 게다가 술만 드시면 주정했습니다.

늦게라도 아버지의 명예를 되찾아야겠다는 생각으로 오빠와 저는 여기저기로 아버지의 기록을 찾아다니기 시작했습니다. 독립 유공자 유가족으로 등록하는 절차가 너무 어렵고 복잡해서 오빠는 중간에 포기하려고 했습니다. 하지만 저는 그럴 생각이 없었습니다. 주로 대학 도서관에 학술 자료가 있었습니다. 고향인 제주대학교는 물론 수원에 살았기 때문에 경기대학교에도 가서 아버지의 자료를 요청하고 찾았습니다. 서류를 챙겨서 국가 보훈청에 여러 차례 접수했지만 서류 미비를 사유로 번번히 퇴짜를 맞았습니다.

그렇게 10여 년이 흘러 드디어 아버지의 명예를 되찾을 수 있었습니다. 그간 제가 찾은 국내 자료에 오빠가 일본에서의 독립운동 활동 자료를 찾아 보탠 결과였습니다. 아버지와 함께 형무소 생활을 하셨던 어느 선생님의 증언과 자료가 결정적인 역할을 했습니다. 아버지가 독립 유공자로 등록되자 곧바로 제주도에 있던 아버지의 묘가 대전 현충원으로 이장되었습니다. 등록하기까지 오히려 국가가 너무 미웠습니다. 수원에서 제주도까지 수없이 다녔습니다. 무엇보다 담당자가 조금만 애써 주었더라면 하는 아쉬움이 남습니다. 먹고 살기 바빴던 우리는 아는 것도 부족하고 형편도 너무 어려웠기에 원망스러움이 더욱 크게 느껴졌던 것 같습니다.

다른 한편으로는, 뒤늦게야 '나의 아버지'를 알아 가는 과정이었다는 생각에 감사하기도 합니다. '나쁜 아빠', 제 마음속 아버지는 너무 무책임한 분이었습니다. 자식을 낳기만 했지 관심도 돌봄도 없었기 때문입니다. 심지어 아버지 얼굴도 제대로 못 봤기에 제 기억과 삶 속에서는 아버지의 자리가 언제나 텅 비어 있었습니다.

"아버지는 결코 나쁜 사람이 아니야."

아버지와 독립운동을 함께 하셨던 조치원 선생님의 말씀은 달랐습니다. 아버지의 자료를 찾아 주시며 아버지가 그렇게 살 수밖에 없었던 당시의 상황도 들려 주셨습니다. 그럼에도 여전히 '좋은 아버지'라는 생각이 들지 않았습니다. 어렵던 그 시대를 떠올리자면 그 길이 '아버지의 최선'이었을 것입니다. 시간이 흘러 지금은 원망도 바람도 없습니다. 국가를 최우선으로 여길 수밖에 없었던 아버지의 고단했던 인생이 가여울 뿐입니다. 아버지의 고난과 궁핍을 대물림할 수밖에 없었던 어머니와 우리 남매도 그저 불쌍해 눈물이 흐릅니다.

일제 강점기, 제주도 4.3 사건, 6.25 전쟁, 너무도 큰 위기의 시대를 살았습니다. 못 살 것 같았지만 순간순간 어떻게 견디었는지 기가 막힙니다. 주구장창 고생만 하다가 가신 엄마가 몹시 그립습니다. 저의 투정을 먹고 살던 오빠도 너무 보고 싶습니다.

독립운동가 **오평윤**吳坪允 애국지사 (1910-1951)

한인 노동자들의 권익을 위해 일본노동조합전국협의회 금속대판지부에 가입해 노동 운동을 전개한다. 이후 항일 운동에도 참여한다. 1934년 1월 항일 운동의 일환으로 동지들을 모으기 위해 선전 활동을 펼치던 중에 일제 경찰에 검거되어 1935년에 치안 유지법 위반으로 징역 3년을 선고받는다. 옥고를 치른 후 귀국해서는 1951년 제주도에서 별세한다. 2008년 정부로부터 건국 포장이 추서된다.

58 하나_ 그립습니다

비밀 결사대 출신의
평범한 가장인
아버지의 선물

소피아 독립운동가 이기동 애국지사의 딸

20여 년 아버지의 역사를 찾아서

2006년 11월 21일 아버지가 1940년 무렵에 다니셨던 일본 스기나미구의 일본대학 제2상업학교에 방문한 적이 있습니다. 아버지의 독립운동 근거 자료를 찾기 위한 방문이었습니다. 아버지의 학창 시절 소중한 추억이 담긴 장소라고 생각하니 정말 감격스러웠습니다. 미리 준비한 신분증을 제시하고 학교 교정에 첫발을 내딛던 순간을 떠올리면 지금도 감격스럽습니다. 그렇게 아버지의 숨결과 발자취를 느끼며 은행나무가 늘어선 교정을 거닐어 볼 수 있었습니다.

2006년 9월 중국에 사시는 고모님의 안내로 아버지의 고향 월청에도 다녀왔습니다. 아버지는 만주 도문의 월청에서 태어나 중학생 때까지 그곳에서 자라셨습니다. 처음 보게 된 초가집들은 아버지가 뛰어놀던 집터라고 합니다. 그곳에서도 아버지의 흔적을 찾아보았으나 동네 어른들의 소식만 들었을 뿐 아버지와 관련된 일들은 없었습니다. 고즈넉한 시골 풍경에 머물면서 아버지의 숨결을 느끼고자 했기에 빈 걸음을 되돌리기가 못내 아쉬웠습니다.

할아버지가 도문에서 학당을 운영하셨지만 가정 형편이 어려웠다고 합니다. 그럼에도 아버지는 동경으로 유학을 가셨습니다. 그와 관련하여 일화가 하나 있습니다. 1939년 아버지의 나이 19세쯤 되었을 때의 일로, 일본으로 유학을 가기 위해 여비가 필요하자 할머니를 두만강 중간까지 데리고 가서는 배삯을 주지 않으면 떨어져 죽겠다고 했다는 것입니다. 결국 할머니가 주머니를 털어 여비를 마련해 주셔서 아버지는 동경 유학길에 오르셨습니다. 일본에 도착한 후로 아버지는 재학 중에도 생활비를 벌어야 했습니다. 그래서 신문 배달도 하고 오자와 빵집에서 아르바이트를 하기도 했습니다. 주인의 신임을 얻어 제빵 기술을 배우기도

하셨는데, 한국에 돌아오셨을 때 일본식 찹쌀떡인 모찌와 빵을 직접 만들어 주셔서 먹었던 것이 지금도 머릿속에 그려질 정도로 맛있었던 기억이 납니다. 아버지가 거닐던 교정을 돌아보고 교장 선생님과 스즈끼 사무국장 선생님까지 만날 수 있었지만, 요청한 아버지의 재학 증명서와 학적부를 보지도 받지도 못하고 돌아와야 했습니다.

저는 일본어를 못하기 때문에 방문 당시 큰아버지와 동행했습니다. 아버지가 일본대학 제2상업학교를 다니시던 시절 큰아버지는 만주국 국비 장학생으로 일본 기류시의 군마대학을 다니셨습니다. 일본에서 같은 시기에 학교를 다녔기 때문에 두 분이 가끔 만나 한국은 독립할 것이고 일본은 패망할 것이라는 이야기를 서로 나누곤 하셨답니다. 큰아버지는 졸업 후 만주의 명동학교 중등 교사로 임명되어 일본을 떠나게 되었습니다. 일본에 혼자 남은 아버지는 3학년 재학 중에 독립운동을 하시다가 퇴학을 당하고 말았습니다. 아버지에 대한 기록을 찾겠다는 목적은 이루지 못했지만 아버지의 숨결을 느끼고 마음에 가득 담아 돌아올 수 있었습니다.

아버지는 처음에는 조선 고학생 동지회 회원으로 활동하시다가 후에 '무우단無憂團'이라는 학교 내 비밀 결사 조직에 가담하셨습니다. 무우단은 대구사범학교 출신이 조직한 항일 단체로 활약이 점차 커지며 일본까지 뻗어 나갔다고 합니다. 아버지는 일본에서 학교를 다니신 이야기나 독립운동에 관한 말씀을 자주 하셨습니다. 하지만 독립운동에 참여하셨다는 사실을 국가에 신청하라는 말씀은 없으셨습니다. 아버지를 독립 유공자로 신청하게 된 것은 역사를 잘 아시는 큰아버지의 권유가 있었기 때문입니다.

"신청만 하면 틀림없이 된다."

강한 확신을 갖고 말씀하신 큰아버지의 한 마디에 용기를 낼 수 있었고, 결과적으로 20년 만에 국가로부터 독립 유공자로서의 서훈을 받게 되었습니다. 아버지는 야간에는 공부하고 주간에는 일하며, 틈틈이 독립운동 관련 회의에 참석하시고 활동에도 적극적이셨습니다. 주로 본국에서 가져온 독립운동 관련 인쇄물을 등사하시곤 했는데, 어느 날 누군가가 이 사실을 일본 경찰에 밀고했던 모양입니다. 아버지를 비롯한 회원들이 독립운동 인쇄물을 등사하던 중에 일본 경찰이 들이닥친 것입니다. 아버지를 포함한 여러 명의 학생들이 치안 유지법 위반으로 잡혀갔습니다. 그 사건으로 1943년 7월 아버지는 결국 퇴학 처분을 받으시게 되었습니다.

일본에서 아버지에 관한 자료나 기록을 찾지 못하고 빈손으로 돌아왔지만, 1개월 후에 중요한 학적부는 빼고 재학 증명서와 3년간의 수업료 대장을 보내왔습니다. 그 자료를 시작으로 아버지의 실제적인 흔적을 찾고자 하는 노력을 이어 갔습니다. 아버지가 옥고를 치른 대구 형무소를 찾아갔는데 다 소실되었다고 하고, 국가 기록원 대전 본원에도 여러 번 방문해 아버지의 학적부를 요청했지만 성과가 없었습니다. 국가 기록원 대전 본원에서는 일본 대사관을 통해서 알아보겠다는 말을 반복했지만 어떤 자료도 확인할 수 없었습니다. 진실 화해를 위한 과거사 정리 위원회에도 진실 규명을 신청해 보았으나 성과를 얻지 못했습니다. 이후에 다시 당시 광화문에 있던 국가 기록원을 방문하게 되었는데 그곳에 소장되어 있던 일제 시대 범죄자들의 영상물 속에서도 아버지를 찾을 수 없었습니다. 거의 20년을 찾아다녔을 즈음입니다. 결국 다시 찾은 국가 기록원 대전 본원에서 아버지의 형사 기록을 보고 9개월 동안 대구 형무소에 수감되었다는 사실을 알게 되었습니다.

평범한 가장에서 참전 용사로

예상한 바대로 아버지는 옥중에서 힘든 시간을 보내셨습니다. 젊은 나이였지만 심한 고문으로 몸이 점점 망가지게 되었습니다. 험한 옥고를 치른 후에야 가족이 있던 만주 도문으로 돌아오실 수 있었습니다.

아버지가 어머니와 연을 시작한 것은 옥중 생활을 할 때였다고 합니다. 옥중에 있던 작은아버지의 소개로 서로 얼굴도 모르는 상태에서 함경도 남양에 살던 어머니와 도문에 살던 아버지의 연이 이어지게 되었습니다. 어머니는 고향인 남양에서 두만강 다리를 건너 아버지의 고향인 도문으로 몸빼 바지를 입고 시집을 왔습니다. 어머니의 고생이 시작된 순간이었습니다.

신혼살림을 차린 지 얼마 안 되어 도문을 떠나 남한으로 내려올 때 저를 태중에 두고 오게 되었습니다. 그곳에 그냥 있었다가는 지식인이라는 이유만으로 맞아 죽게 될 상황이었기 때문입니다. 처음 정착한 곳이 서울 청계천 판자촌입니다. 그 이후 이북 5도민 단체의 소개로 아버지는 수색역에서 철도 경찰로 근무하기 시작했습니다. 그 무렵에 외딸인 제가 태어났습니다.

어렵게 살아가던 중 설상가상으로 6.25 전쟁이 발발했습니다. 참전 군인이 부족해 동원 명령이 떨어지자 경찰이던 아버지는 전쟁에 참여할 수밖에 없었습니다. 특히 지리산 전투에 죽기 살기로 참전하셨습니다. 북한군과 대항하여 고지 탈환에도 공을 세우셨습니다. 밤이면 콩 볶는 듯한 총소리에 시달려야 했고, 낮이면 숨소리조차 낼 수 없는 무거운 정적 가운데 삼엄함을 느껴야 했습니다. 그때 당시 지리산 전투에서 다리를 다친 채 경찰관으로 복귀하셨습니다. 아버지에 관한 자료를 찾으러 서대문 경찰청에 방문했을 때 이 전투에서의 공적으로 아버지가 국방부 장관상을 받았다는 기록을 찾을 수 있었습니다. 이외에도 모범 경찰상을 여러 번 받으시기도 했습니다. 그래서 부모님 모두 호국원에 안장할 수 있었습니다.

경찰에서 자연 농법 연구가로

전쟁이 끝나고 경찰직에 복귀하여 청량리에서 근무하시다가 몇 년 후 충주에 있는 비료 공장에 들어가게 되었습니다. 비료 공장은 안정된 직장이어서 덕분에 우리 가족이 경제적으로 그럭저럭 지낼 수 있었습니다. 지역 사회에서도 비료 공장 직원이라고 하면 부러워하던 시절이었습니다. 그때 아버지가 어린 제 손을 꼭 잡고 충주 남산국민학교로 데려가 입학한 기억이 있습니다. 고즈넉한 시골 학교입니다. 지금도 그 시절이 떠오를 때면 종종 교정을 걷곤 합니다.

3교대 근무가 힘드셨는지 아버지는 10여 년 근무하시다가 그 좋은 직장을 퇴사하셨습니다. 퇴사 후 일명 '야마구치 농법'으로 잘 알려진 친환경적인 자연 농법을 시도하셨습니다. 그 당시에 이미 이와 같은 농법에 심취할 정도로 아버지는 시대를 앞서 사셨습니다. 친환경적인 자연 농법으로 알로에를 비롯한 작물을 재배하고 양계, 양돈 등을 운영하면서 관련 연구를 시작하셨던 것입니다. 시간이 지나면서 양계장과 부하장이 두 곳이나 생겨났고 양돈장도 만들며 사업을 확장해 나가셨습니다.

아버지가 자연과 동물을 좋아하시기도 하시고 무엇인가에 마음이 가면 심취하는 성향이 있지만, 대신 돈 버는 데는 관심이 별로 없으셨던 것 같습니다. 새로운 연구와 투자로 정작 가정 살림은 힘들었던 기억이 납니다. 끊임없이 이어지던 아버지의 연구는 빌린 돈으로 충당하셨던 것입니다. 빠듯한 살림을 꾸려 가시던 어머니는 속이 상해 '주변 사람들에게만 기마이 쓴다'며 아버지를 못마땅하게 여기곤 하셨습니다.

우리 집 살림이 무너지기 시작한 것은 박정희 정부가 들어서면서입니다. 제가 고등학생 때입니다. 이웃에게 빚진 사람은 모두 신고하라는 내용이 신문에 실렸습니다. 그동안 진 빚을 신고하자 동네 사람들이 집으로 찾아와 난리를 부렸습니다. 결국 모든 세간살이와 집과 땅이 빚잔치로 끝나고 말았고, 어머니가 행상을 하는 형편까지 되었습니다. 그 이후 아버지는 전국 여러 곳을 떠돌며 개간 사업에 힘쓰며 농사를 지으셨지만 큰 수확을 얻지는 못하셨습니다.

저는 고등학교를 졸업한 후 병아리 감별사에 여러 번 도전했지만 문턱을 넘기가 어려웠습니다. 아버지가 포르투갈로 가서 감별사로 취업하기를 권하셨지만 혈혈단신으로 외국에 나갈 엄두가 나지 않았습니다. 그때 아버지의 권유로 배우게 된 운전으로 서울에서 택시 운전을 시작했습니다. 덕분에 돈을 꽤 잘 벌었습니다. 무엇보다 한 달에 한 번 동대문 시장에 가서 도매로 물건을 떼곤 했습니다. 어머니가 소매로 팔 수 있게 충주로 보내 드린 것입니다.

사무치게 그리운 아버지

'결혼하게 되면 아버지 같은 사람 만나야지!'

가장으로서 아버지는 가정적이셨습니다. 장녀인 저에게도 자상한 분이었습니다. 당시에는 갖기 어렵던 스케이트와 기타도 마련해 주시고 이야기도 많이 해 주셨습니다. 외모도 요즘 표현으로 '훈남'이어서 사람들에게 넉넉하고 좋은 평판을 받곤 했습니다. 제가 기타를 연주하고 아버지는 노래와 음악을 즐기던 여유도 있었습니다. 충주에서 자연 농법으로 알로에를 재배할 때 동네 사람들을 집으로 불러서 먹이고 베풀던 기억이 선명합니다.

돌아가신 후 아버지의 발자취를 찾으면 찾을수록 그때의 아버지가 더욱 그리워집니다. 남들처럼 돈 벌어 오지 못한다고 엄마와 티격태격하시던 모습마저 그립습니다. 아버지가 다녔다는 일본 학교에 방문했을 때 찾아온 가슴 벅찬 감동은 사무친 그리움 때문이었나 봅니다. 국가 기록원 대전 본원에서 찾은 아버지에 관한 서류를 통해 내가 알지 못하던 아버지의 본 모습을 마주하면서 눈물 흘린 기억이 있습니다. 거의 무일푼으로 떠난 일본 유학 생활, 그 와중에 수업료를 한 번도 거르지 않고

꼬박꼬박 낸 것으로 표시된 학적부의 기록은 아버지의 삶이 얼마나 고단하셨는지를 이야기하고 있었습니다. 생각할 때마다 가슴이 아픕니다.

아직도 서훈을 받지 못한 7천여 명의 독립운동가들이 있습니다. 그분들 모두 우리의 아버지요 어머니입니다. 그들을 위해 오늘도 제가 믿는 하나님에게 기도하며 제가 독립운동가의 후손이라는 사실에 감사함으로 살아가고 있습니다.

독립운동가 이기동李基東 **애국지사 (1921-1996)**

1943년 일본 동경에서 조소영, 강증룡 선생 등과 함께 독립운동을 목적으로 한 비밀 결사대 '무우단無憂團'에 가입하여 활동한다. 비밀 결사대 활동 중 본국에서 온 인쇄물을 등사하는 중에 일본 경찰에 발각되어 체포된다. 당시 등사한 인쇄물은 일본의 패망과 대한민국의 독립을 내용으로 한 것으로, 그 사건으로 인해 대구 형무소에서 9개월 동안 옥고를 치른다. 2023년 독립운동가로 인정받아 정부에서 대통령 표창을 받는다.

70 하나_그립습니다

홀어머니 슬하에서
꿈꾸던
평범한 가정

임헌영 독립운동가 임영복 애국지사의 손자녀

환갑의 아버지를 여섯 살에 여의고

아버지가 돌아가셨을 때 제 나이 여섯 살이었습니다. 어머니와 한 부모 가정으로 살면서 평범한 가정 특유의 정서나 경험을 못하고 자란 것 같습니다. 어른이 되면 평범한 가정을 꾸리며 살아야겠다는 생각이 바람이자 소원이 된 것은 그래서입니다. 특히 사춘기를 겪던 십대 청소년 시절을 지나면서 우리 가정에 대하여 궁금증을 갖기 시작했습니다.

'어떻게 아버지가 환갑 무렵에 나를 낳으셨을까?'

'할아버지와 아버지는 고향이 충남 연기군인데 당진에서 줄곧 살 수밖에 없었던 사연은 무엇일까?'

할아버지가 독립운동을 하셨다는 사실을 알았을 때 우리 가정은 좀 특별하다고 생각하게 되었고, 자연스럽게 저의 궁금증도 조금씩 풀리기 시작했습니다. 할아버지는 1874년생입니다. 3.1 운동이 일어나던 해에는 46세쯤으로 동네에서 어른에 속했습니다. 이승만 대통령이나 김구 선생님과 비슷한 연령대로 그때 그 시절을 보냈습니다. 충남 연기와 충북 청주 등지에서 만세 운동을 펼친 할아버지는 동네에서 어른으로서 역할을 하시며 나라의 독립을 위한 활동을 이끌었습니다. 시대의 부름에 달려가신 할아버지의 남다른 책임감이 우리 가정에 크고 작은 영향을 주었을 것입니다. 할아버지는 장남인 아버지를 데리고 당진으로 이사하셨습니다. 동네 씨름 대회가 열리면 아버지는 늘 앞장서 나가서 여러 번 상을 타 오던 건장한 청년이었습니다.

제 위로 배 다른 형님과 누님이 있습니다. 아버지에게 똑똑한 형님은 큰 자랑이었습니다. 언젠가 형님이 다닌 홍성고등학교를 방문한 적이 있습니다. 학교에 가족임을 밝히고 형님의 생활 기록부를 열람해 보고는 성적이 우수했던 사실을 새삼 확인할 수 있었습니다. 누님도 당시 대전여자고등학교를 나왔으니 공부를 잘했던 것 같습니다. 아버지가 그렇게 아끼고 자랑하던 형님은 6.25 전쟁 참전 용사로 지원하게 되었고 이후 돌아오지 않았습니다. 시간이 오래 지난 후에도 행방불명이라는 소식만 들었을 뿐 아버지 앞에 영영 나타나지 않은 것입니다.

  전쟁터에서 돌아오지 않는 아들을 마음에 품고 살아야 하셨으니 아버지의 상심과 낙심은 이루 말할 수 없었을 것입니다. 자식을 먼저 떠나보낸 부모의 심정은 겪어 보지 않은 사람은 도저히 알 수 없습니다. 오랜 세월 아들의 부재를 인정하지 못하시던 아버지가 갑자기 대를 이어야겠다는 생각을 가지셨다고 합니다. 다행히 아버지는 어머니를 만나 상한 마음을 위로 받으셨고 저를 낳아 대를 잇게 되었습니다. 그때 이미 아버지의 연세가 환갑이었습니다. 동네 사람들이 아버지의 삶이 변화된 것을 보고 '고목에 꽃이 피었다'고 할 정도로 자기 일처럼 기뻐해 주었습니다. 하지만 그 기쁨도 잠시 아버지는 여섯 살밖에 안 된 저를 두고 세상을 떠나셨습니다.

어머니의 희생으로 생물학 교사가 되어

어머니는 물려받은 땅을 잘 관리하셨습니다. 남자가 감당하기에도 버거운 농촌살이를 아버지 없이 혼자 잘 참아 내셨습니다. 기르던 가축들을 먹이기 위해 이른 새벽부터 이곳저곳을 다니며 풀을 거두어야 했고, 돼지를 키우기 위해 멀리까지 가서 음식 잔반을 거두어 와야만 했습니다. 농사일도 혼자 맡아서 하셨으니 하루하루가 너무 힘든 나날이었을 것입니다. 강인한 생활력으로 자식들을 위해 온몸을 희생하며 사신 덕분에 우리 가정은 당진에서 점차 안정되게 자리잡을 수 있었습니다. 어려운 가운데에도 어머니의 학구열은 남다를 정도로 대단했습니다. 가난하고 힘들수록 자녀들을 열심히 가르쳐야 한다는 마음에 고되고 힘든 생활 가운데에도 자녀들 교육에 공을 들이셨습니다. 마침 집 옆에 작은 중고등학교가 있어서 막내인 저도 중학교를 졸업하는 데 문제가 없었습니다.

중학교를 졸업한 후에는 집을 떠나 공주시에 있는 사범 대학 부속 고등학교를 거쳐 국립공주대학교 사범 대학 생물 교육학과로 진학하게 되었습니다. 집을 떠나 복잡한 생활을 하기는 했지만 제가 선택한 것이어서 당연하게 받아들이며 살았습니다. 대학을 졸업하자마자 ROTC 장교 생활로 군대를 대신했고 전역 후에는 곧바로 교직의 길을 걷게 되었습니다.

학위를 취득하여 생물학자가 된 저는 식충 생물로 알려진 끈끈이주걱에 관심이 많았습니다. 끈끈이주걱은 벌레를 잡아먹는 독특한 식물입니다. 고등학교 생물 교사로 방학이 되면 수락산, 도봉산 등을 다니며 생물을 관찰하고 연구하는 삶이 재미있었습니다.

의정부고등학교에 근무하던 시절이었습니다. 연구 학교를 맡아 다양한 식물을 배양해 보기도 하고, 학교 근처인 연천 지역을 다니며 생물 관찰과 연구에 한창 관심을 가지기도 했습니다. 우연히 포병 부대의 동계 훈련장으로 사용되었던 지역을 관찰하게 되었습니다. 포차 탱크의 바퀴 자국으로 움푹 파인 고랑에서 볼복스^{volvox}를 채취하게 되었습니다. 볼복스는 식물성 녹조류의 군체로, 자세히 보니 그곳에 물거미가 서식하고 있었습니다. 보통의 거미는 공기 중에 살면서 꽁무니로 실을 뽑아 망을 치고 사는 절지동물입니다. 그런데 채취한 볼복스에서 제가 발견한 것은 물거미로 물 밖을 왕래하면서 꽁무니에 공기를 가지고 물속에 들어가 실을 만들어 내고 있었습니다. 물 밖에서 산소를 가지고 물속에 들어가 호흡하고 공기주머니를 만들어 내는 것이 참으로 신기했습니다. 천연기념물로 등록되어 있어 있는 물거미는 책에서나 볼 수 있는 생물체인데 우리나라에서 최초로 발견하게 된 것입니다. 물거미의 발견은 희귀한 일이었기 때문에 우리나라 생물학계에서도 관심이 컸습니다. 한국거미학회에서도 물거미를 찾으려고 했으나 못 찾았다는 이야기를 나중에 들은 바 있습니다.

  물거미 서식지를 발견한 기사가 1996년 <자연보호 잡지 5/6월호>에 실렸습니다. 그해 세종문화회관에서 열린 주제별 공동 사진 전시회에도 초대되어 물거미 사진 다섯 점을 출품하기도 했습니다. 1999년에는 EBS 교육방송 '물거미, 그 신비 속으로'라는 프로그램을 구성하는 데 참여하여 소개되기도 했습니다. 희귀한 물거미에 관한 내용이 국민일보와 세계일보 지면에 기사화되면서 학계와 전문가들에게도 알려지게 되었습니다. 그동안 진행해 온 물거미에 관한 연구 결과들을 정리하여 책으로 출판하고 싶다는 소망이 생겼습니다. 어려운 환경이었음에도 불구하고 자녀들의 학업을 포기하지 않고 끝까지 지지해 주신 어머니의 헌신이 일궈 낸 열매라고 생각합니다.

'평범한 가정'을 인생의 목표로 삼아

제가 자라 온 동네에는 성당이 하나 있었습니다. 어머니의 힘든 인생에 많은 위로가 되어 준 곳입니다. 힘들 때마다 성당을 찾으면서 어머니는 자연스레 신앙을 갖게 되었고, 저와 형제들도 어머니를 따라 성당을 다니게 되었습니다. 고된 생활 속에서도 어머니는 늘 새벽에 일어나 묵주를 손에 쥐고 기도하셨습니다. 그 모습이 지금도 생생하게 떠오릅니다. 어머니는 지혜로우셔서 아버지에게서 물려받은 땅을 등기 이전도 해 놓으시고, 동네 사람들에게 땅을 빌려 주는 등 활용을 잘하셨습니다. 땅을 빌려 농사짓던 분들이 가을에 추수하게 되면 우리 집으로 쌀을 가져다 주셨습니다. 어머니의 노력 덕분에 우리 집은 그나마 그리 어렵지는 않았습니다.

가족에 대한 궁금증이 조금씩 풀리기 시작한 것은 꽤 오랜 시간이 지나서였습니다. 성인이 되어서야 고모님들이 늘 안타까워하는 마음으로 할아버지 묘를 찾아 이곳저곳을 다니시던 모습이 눈에 들어왔습니다. 도무지 찾을 길 없어 하던 중이었습니다. 할아버지의 독립 유공을 기려서 2008년 정부가 할아버지에게 건국 포장을 추서하였습니다. 덕분에 할아버지의 위패를 현충원에 모실 수 있다는 연락을 받게 되었습니다. 이후로 긴 시간이 흘러 2017년이 되어서야 할아버지를 현충원에 모실 수 있었습니다. 정말 기뻐하고 좋아하던 고모님들의 모습이 눈에 선합니다. 이 과정을 지켜보면서 비밀 같던 할아버지의 존재감과 나이 많은 아버지, 큰형님과 누님에 관해 답을 얻을 수 있었습니다.

독립 유공자의 후손으로 살아온 지난 인생을 돌아보면 삶이 그리 평탄하지 않았습니다. 무엇보다 누구나 누릴 법한 평범함을 가정 생활을 통해 누려 보지 못한 것이 가장 큰 아픔으로 남아 있습니다. 나라를 먼저 생각하신 할아버지의 삶이 아버지와 큰형님에게로 대물림되었고, 그로 인해 아버지가 뒤늦게 어머니를 만나 저에게까지 그 영향이 이어졌다는 생각이 듭니다. 그래도 어머니의 강한 생활력과 노력을 보고 자라면서 어려운 삶의 여러 상황들을 극복하며 사는 법을 체득할 수 있었습니다. 감사한 일입니다.

앞서 이야기했듯 제 인생의 목표는 '평범한 가정'을 이루고 사는 것인데, 사실 인생의 목표라는 거창한 표현을 붙이기에 민망할지도 모르겠습니다. 사람이라면 누구나 행복하게 살고 싶어 할 텐데, 행복은 평범한 일상과 삶 속에 있다는 사실을 살아오면서 순간순간 깨닫고 느꼈습니다. 가정 생활은 특히 그렇습니다. 부모와 자녀가 모두 제자리에 있어서 서로 사랑을 나누며 살아가는 일상이 극히 평범하고 쉬워 보이지만 현실에서는 그리 쉽게 누릴 수 있는 일이 아닙니다. 지나온 저의 인생을 돌아보면 그러합니다. '평범한 가정'이 제게 몹시도 소중한 이유입니다.

독립운동가 **임영복**林永福 애국지사 (1874-1935)

1919년 충남 연기군, 충북 청주 등지에서 대대적으로 만세 운동을 펼친다. 특히 3월 31일에 주민 1백여 명을 이끌고 횃불을 올리며 대한 독립 만세를 외친다. 이 일로 인하여 일제의 보안법 위반으로 공주 지방 법원에서 징역 10개월을 선고받고 옥고로 평생 후유증에 시달리다 생을 마감한다. 그의 공적을 기려서 2008년 건국 포장이 추서된다.

둘 - 존경합니다

대를 이은 애국과 신앙이 흘려보낸 선한 영향력_ 윤대성
한 줌 잿개비로 돌아온 양부, 지독히 가난한 친부_ 이동환
첩첩산골 빈농에서 시작된 가난의 굴레_ 이영협
인정 많은 애국자 아버지 대신 가장이 되어_ 임재두
법정 다툼을 계기로 마주한 외조모의 생애_ 정은섭

82 둘_ 존경합니다

대를 이은 애국과 신앙이
흘려보낸
선한 영향력

윤대성 독립운동가 윤영배 애국지사의 손자

선교사에게 배운 신학문으로 교육자의 길로

고향 땅에서 어머니를 모시고 화성군 우정면^{현 우정읍} 면사무소 공무원으로 근무하며 살아가던 중이었습니다. 어느 날 우정면 호곡리 이장님이 저를 찾아오셨습니다.

"혹시 윤, 영자, 배자, 성함 쓰시는 분을 아시나요?"

"저희 할아버님 존함입니다만."

제 답변이 채 끝나기도 전에 호곡리 이장님이 저를 끌어안으셨습니다.

"자네 할아버지께서는 참으로 훌륭한 분이시네. 초등학교도 없던 일제 암흑 시절에 내가 사는 마을에 강습소를 세우고 아이들에게 신학과 구학을 가르치셨어. 자네 할아버님을 내가 잘 아는 것은 바로 우리 집에 거주하셨기 때문일세."

다음날 저를 다시 찾아오신 이장님은 한 권의 책을 건네셨습니다. 표지에 한자로 '정관정政官正'이라고 씌여 있는 책이었습니다. 꽤나 두툼한 것이 아마도 1년 과정으로 가르칠 수 있는 내용으로 보였습니다. 그 책 한 권을 계기로 할아버지가 아이들에게 신학문을 가르쳤다는 사실을 알게 되면서 그제서야 할아버지의 삶을 친밀하게 되짚어 보게 되었습니다.

할아버지가 독립운동을 활발하게 펼친 곳은 중국 만주입니다. 이후 독립 자금을 마련하기 위해 함께 하던 선열들을 이끌고 평양으로 입성하던 중 일본 경찰에 체포되어 무기징역의 형으로 서대문 형무소에 수감되셨습니다. 두렵고 떨렸을 수감 생활 중에도 조국을 위한 의의 분노가 사그라들지 않았습니다. 특히 수감된 수형자 중 한 분이 살해되면서 할아버지의 분노가 폭발했습니다. 간수들이 이유 없이 수감자들을 폭행, 폭언, 고문하는 일이 비일비재하던 형무소 내의 상황에 대해 강력하게 항의하셨고, 그와 관련하여 형무소 내 수감자들의 처후 개선을 요구하는 시위를 이끄셨습니다. 당시에 같이 수감되어 있던 대부분의 수형자들이 정당한 인권 운동이라며 할아버지에게 동조했습니다. 일제는 이 사건을 '형무소 소요 사건'이라고 명명하고 할아버지를 소요 사건의 선동 주동자로 낙인하였습니다. 이처럼 할아버지의 올곧은 모습은 삶 그 자체였습니다. 그 일로 할아버지의 징역 기간이 2년이나 더 길어지고 말았습니다.

옥중에서 해방을 맞이하여 출옥하신 이후, 할아버지는 당신이 수학한 배재학당을 재건하는 일과 조선대학교의 교재를 발간하는 교육 사업에 열정을 바치기도 하셨습니다. 할아버지는 우리나라 초기 선교사들을 만나게 되면서 신학문을 접할 기회를 자연스레 갖게 된 것 같습니다. 그들로부터 받은 신학문을 다시 흘려보내시면서 교육자의 길을 가게 되신 것입니다. 하지만, 또 다시 정국을 황폐하게 한 6.25 전쟁 가운데 생을 마감하시게 되었습니다.

지역 사회의 선한 사업가로 인도하시고

해방 후 우리 가족은 서울에 정착하게 되었습니다. 이승만 정부 시절

아버지는 외삼촌과 함께 치안 유지 업무에 종사하시던 중 어느 유명 인쇄소에 취직하게 되었습니다. 그렇게 자리를 옮겨 근무하시던 중에 그 인쇄소의 좌경화로 인하여 그만 감옥에 수감되는 일이 생겼습니다. 어머니는 어쩔 수 없이 경기도 화성군 우정면의 외가댁으로 거처를 옮기셔서 보따리 행상으로 저희 남매를 정말 어렵게 키우셨습니다.

형편이 말도 못할 정도로 어려웠지만 어머니의 교육열이 뜨거웠기에 누나와 저는 그 시절 시골에서 중학교까지 졸업할 수 있었습니다. 이후에는 서울 친척 집에서 유학 생활을 거쳐 군대를 다녀오고, 제대 후에는 다시 귀향하여 공무원 시험에 합격하여 고향 면사무소에서 공무원으로 일하게 되었습니다. 공무원으로 근무하던 중 지역 농지 개량 출장 소장과 자주 접촉하면서 농지 개량 급여가 면서기 급여보다 배 이상 많다는 이야기를 듣게 되었습니다. 마침 농지 개량 채용 공고 소식이 있어 바로 응시해서 합격한 후 평택 농지 개량 조합에 근무할 수 있었습니다. 농업 토목에 관해서 아무것도 모르는 가운데 기술직으로 합격하여 10여 년 근무하였습니다.

그때 익힌 기술로 토목 건설업에 도전해 볼 요량으로 사표를 제출하고 장남 이름을 따서 동원건설로 법인 사업명을 등록했습니다. 기대한 것보다 사업이 놀랍게 성장하여 저녁이면 회사 마당에 서서 조암시장을 내려다 보며 제가 믿는 하나님에게 뜨거운 감사 기도를 올려드렸습니다. 회사가 성장할수록 마음에 새겨지던 성경 말씀이 있었습니다. '먼저 그의 나라와 그의 의를 구하라'는 말씀입니다. 일가친척, 부모 형제, 처자식 다 내려놓고 오직 잃었던 나라를 찾기 위하여 목숨 바친 할아버지가 떠올랐습니다. 가정은 물론 이웃과 어려운 사람을 도와주면서 가문의 명예를 보전하는 자랑스러운 아들이 되길 바라시던 어머니 생각도 더욱 자주하게 되었습니다. 그런 생각들이 할아버지가 일구어 놓은 가문의 명예를 보존하자는 마음으로 이어졌습니다. 이 결단 덕분에 실제로 제가 몸담고 있는 지역 내 많은 사회 단체에서 열정적으로 일하며 여러 성과들을 열매로 남길 수 있었습니다.

화성시 복싱 회장으로 활동할 때, 회사 창고에 복싱 연습장을 별도로 설치해 젊은 직원들이 일과 후 저녁에 운동할 수 있도록 배려했습니다. 매일 취미 삼아 하는 운동에 그치지 않고 열심을 내다 보니 전국 복싱 대회에서 금매달을 획득한 젊은 직원을 2명이나 배출하기도 했습니다. 제가 졸업한 국민학교의 총동문회를 조직하여 동문들의 친목을 도모했으며, 방위협의회장으로서 군부대가 고향 지역에 입성하는 데 자부담으로 토목 공사를 실시하여 국방부 장관 감사 표창장을 받은 적도 있습니다.

지역 시장의 번영 회장으로 활동할 때였습니다. 시장의 현대화 정비가 안 된 상태에 자동차 보급이 급격히 늘면서 시장 중심로의 교통난이 극심했습니다. 그때 지역 경찰 서장의 협조하에 홀짝 주차 제도를 전국에서 처음으로 도입하여 교통대란을 해결한 일로 경찰서 자문 위원으로 위촉 받기도 하였습니다. 모교인 삼괴중고등학교 육성회장으로 활동하던 당시에는 충청도의 어느 시골 고등학교를 탐방한 적이 있는데, 산골에 위치한 그 고등학교에서 매년 여러 명의 학생들을 대학에 입학시킨다는 뉴스를 보고 그 비결이 몹시 궁금했기 때문입니다. 험하고 먼 산길을 오가는 학생들이 공부에만 몰입할 수 있도록 애국지사 출신인 그 학교 이사장님이 사재를 털어 기숙사와 도서관을 건립했다는 이야기에 감동하여 삼괴중고등학교의 기숙사와 도서관 건립에 도전한 바 있습니다. 뜻을 같이하는 상인들을 설득하여 성금을 모금하던 중에 소식을 들은 삼괴고등학교 이사장님이 눈물을 글썽이며 감사를 전해 왔습니다. 더불어 모은 성금을 돌려주시며 이사장님이 직접 그 사업을 실현하셨습니다. 이후 매년 명문 대학교에 입학한 모교 후배 학생들의 명단이 적힌 현수막을 볼 때마다 가슴이 뜨거워지곤 합니다.

명절 때면 각 동네 경로당의 어르신들을 위해 선물을 챙기거나 경로당을 신설할 때 건축적으로 도움을 주는 일도 기쁘게 섬겼습니다. 형편이 어려운 작은 교회를 위해 자부담으로 진입로를 확보하여 포장하는 등의 일은 당연히 제 소명이라고 생각했습니다. 믿음의 결은 다르지만 지역 천주교 수녀님들이 불우한 아이들을 돌본다는 소식에 명절은 물론 평소에도 쌀과 라면을 보내드리면서 수녀님들로부터도 많은 사랑과 지지를 받기도 했습니다. 공무원 시절부터 지금까지도, 업무차 시골 마을에 갔다가 돌아오는 길에 시장에 볼일 보러 걸어가시는 어르신들을 보게 되면 항상 제 차로 모시곤 합니다. 어르신들이 차에 오르내리시다가 사고라도 나면 어쩌려고 그러냐는 우려 섞인 불평을 많이 듣긴 합니다. 하지만, 이게 제 모습이니 제 모습대로 사는 것입니다.

조부님과 부모님에게 물려받은 애국과 신앙으로

지역 사회에 선한 영향력을 펼치고자 노력해 온 배경을 거슬러 올라가자면 최전선에 할아버지가 계십니다. 독립운동을 삶으로 실천하신 할아버지의 정신이 그 첫 번째이고 어머니의 기독교 신앙이 그 두 번째라고 생각합니다. 가족들의 생계를 책임지신 어머니가 그토록 어려운 살림살이를 이겨 낼 수 있었던 것은 기독교 신앙의 힘 덕분이었습니다. 어머니는 늘 기도하며 믿음으로 자녀를 키우셨습니다. 그런 어머니의 신앙을 물려받아 조암감리교회의 장로가 될 수 있었습니다.

당시의 조암감리교회는 조암시장에 자리한 낡고 작은 예배당에서 예배를 드리고 있었습니다. 교회가 부흥하기 시작하면서 주일마다 예배당 공간이 점점 좁아지게 되자 담임목사님이 새 성전을 건축할 때라고 판단하셨습니다. 하지만 건축 자금이 걸림돌이었습니다.

'내 사업을 성장시켜 주시는 하나님에게 보답할 기회가 이때다.'

이런 생각이 들자 바로 건축 자금의 일부를 헌금하였습니다. 이 헌금에 용기를 내신 담임목사님이 다시 한번 새 성전 건축으로 하나님에게 영광을 올리자고 인도하셨고, 그렇게 성도들의 마음이 하나로 모이게 되었습니다. 비록 할아버지의 독립운동 같은 위대한 업적을 따라가지는 못해도 새 성전의 주춧돌이 되게 하신 하나님에게 또 다시 크게 감사했습니다. 더불어 개인적으로는 자부심과 긍지를 가질 수 있었습니다.

새롭게 건축된 교회 역시 또 다시 부흥하는 가운데 마침 교회 앞에 위치한 수천 평의 임야를 매도한다는 소식을 접하게 되었습니다. 임야 한 가운데에 1천여 평의 공원 부지가 자리하다 보니 시세보다 아주 저렴한 가격으로 매물로 나온 것입니다. 목사님과 장로님들을 설득하여 그 부지를 매입하여 다시 한번 훌륭한 성전을 건축할 수 있었습니다. 잘나가던 사업의 부도, 일부 교인들의 반발, 대지 중간의 공원 이전, 교회 신축 부지에 접한 주택 이전 등 태산 같은 문제들을 이겨 내며 이뤄낸 열매입니다. 날마다 새벽 예배에서 기도하며, 특히 공원 이전 문제를 해결하고자 화성시청 담당자를 만나 여러 번 진정과 건의를 개진했습니다. 사유재산 한가운데에 위치한 공원 녹지 이전을 요청한 것입니다. 놀랍게도 화성시에서 공원 녹지를 교회 땅 바로 옆에 이전하기로 결정한 덕분에 공원과 교회가 하나의 영역으로 이어지며 더 좋은 환경이 조성될 수 있었습니다. 가장 선하고 가장 완전한 길로 인도하신 하나님의 역사를 경험한 시간이었습니다.

실속 없는 삶을 살다 보니 가정 형편의 어려움을 면할 수 없었습니다. 그래도 긍지와 자부심을 갖고 힘든 시간을 이겨 내는 중에 2021년 후반기 즈음 화성시 공무원이 찾아왔습니다. 할아버지의 위대한 업적을 들려주며 독립운동 무공 훈장을 건네는 순간 가슴이 정말 뜨거워졌습니다. 그 감동 앞에 그동안 나는 뭘 했던가 부끄러운 마음을 감출 수가 없었습니다. 요즘 새벽마다 마음속으로 울부짖으며 감사 기도를 드리고 있습니다. 못난 저를 백 번 천 번 만 번도 더 참고 기다리시다가 할아버지의 위대한 독립운동의 업적을 찾아주신 것이 '너는 내 아들이다' 음성을 들려주신 것 같아서입니다. 제 인생의 새길을 열어 주신 하나님의 한량 없이 넓은 은혜에 감사할 따름입니다.

 초기 선교사들에게 신학문을 접한 독립운동가로서의 할아버지는 공공을 향한 선하고 깊은 뜻을 교육과 계몽으로 실천하고 사셨습니다. 잃어버린 나라를 되찾기 위해 유산까지 모두 정리하여 독립운동 자금으로 내놓으신 것은 물론 당신의 평생을 바치신 할아버지에게 존경이라는 표현이 왠지 부족해 보일 정도입니다. 고통스럽도록 힘든 형편에도 그런 할아버지를 원망하지 않고 오히려 명예롭게 여기신 부모님은 기독교 신앙을 통해 사회에 선한 영향력을 미치는 삶을 몸소 가르쳐 주셨습니다. 할아버지의 위대한 업적을 국민들과 후손들에게 널리 전하여 애국 정신을 계승시키다가 언젠가 하나님 품에 안길 때 할아버지와 아버지와 어머니와 함께 영원한 평강의 길을 가는 것이 여생의 가장 큰 기도입니다.

독립운동가 윤영배ᵞ永配 애국지사 (1905-1966)

1905년 1월 7일 수원시 장안 출생이다. 1934년 만주로 망명하여 중국 길림성에서 조선 혁명당에 가입한다. 그곳에서 정무원 비서 과장에 선임되어 군자금 3천 원을 모집한다. 1936년 국내에 들어와 신의주에서 일본 경찰에 붙잡혀 이듬해 치안 유지법, 강도 등의 협의로 무기 징역을 선고받는다. 1939년 공덕동 형무소에서 간수가 수형자를 살해한 사건에 대해 항의하며 시위하기도 한다. 이로 인해 징역 2년이 추가되지만 옥중에서 해방을 맞이한다. 1966년 사망한 후에 2021년 독립운동으로 옥고를 치른 사실이 확인되어 정부로부터 건국 훈장 애국장이 추서된다.

94 둘_ 존경합니다

한 줌 잿개비로
돌아온 양부,
지독히 가난한 친부

이동환 독립운동가 이원대 애국지사의 작은 아들

큰댁 양자로 입양되어

저에게는 두 분의 아버지가 있습니다. 저를 낳아준 분과 저를 호적에 올려 주신 분, 그중 한 분은 얼굴을 본 적이 없습니다. 제가 태어나기도 전에 소천하셨기 때문입니다. 독립운동을 하시다 그리 되셨다는 것을 자라면서 자연스레 알게 되었습니다. 그런 저의 아버지는 엄밀히 말하자면 저의 큰아버지로 양아버지입니다. 가정 형편이 어려웠기도 했고, 자녀가 없는 장남 집안을 구제하기 위한 당시 풍습에 따라 저와 형님이 큰아버지 댁에 양자로 가게 된 것입니다. 일가 어르신들 말 한마디의 권위가 대단하던 시절이었습니다.

경상북도 영천시 화북면 자천리, 제가 태어난 곳입니다. 농촌에서 낳지만 친부는 농부로 살지 않았습니다. 뚜렷한 기술을 가진 것도 아니었습니다. 가장이 특별한 직업 없이 이 일 저 일 하면서 하루하루 지냈기에 살림살이가 늘 힘들었다고 합니다. 4~5세 되었을 즈음으로 기억합니다. 부모님이 집에서 국수를 뽑는 방앗간을 운영했는데 잘 되지 않았던 것 같습니다. 어렸음에도 당시의 기억이 선명한 것은 제 나이가 감당하기 힘든 사고가 있었기 때문입니다. 그때 그 작은 손이 국수 기계에 말려 들어가 지금도 손가락이 온전하지 못합니다. 하는 일마다 잘 풀리지 않아 차린 국수 방앗간이었는데 그마저 접게 된 후에 저와 친부모님만 대구로 이사를 가게 되었습니다. 형님은 이미 큰댁 양자로 들어가 양어머니인 큰어머니와 고향 운산에 남았습니다.

대구로 가서도 어려운 가정 형편은 여전했습니다. 대구 서문시장에서 관리원으로 일하시던 아버지가 종종 헌 비닐을 어디에선가 수거해 오시곤 했는데 부업으로 그 비닐을 씻어 다시 팔곤 했습니다. 비닐이 어찌나 지저분했던지 양잿물에 씻어 방바닥에 말리던 장면이 아직도 선명합니다. 어느 날에는 아침이 되어도 제가 일어날 기미가 없이 죽은 듯 몸이 축축 쳐졌다고 합니다. 연탄가스 중독이었습니다. 당시의 민간요법을 따라 제게 김치국물을 먹이는 등 부모님이 응급 처치를 했지만 소용이 없었습니다. 할 수 없이 가난한 형편에도 저를 들쳐업고 대구 동산병원 응급실로 달려가 가까스로 살아날 수 있었습니다.

목숨을 부지한 덕분에 저 또한 아들로서 큰댁 양자로 입양되었습니다. 또 한 분의 아버지가 되어 주신 큰아버지 이원대 애국지사는 양모인 큰어머니와 결혼하신 후 곧바로 집을 떠나셨습니다. 독립운동을 위해서였습니다. 그해가 1932년쯤입니다. 상해 의열단 간부 학교 훈련생 2기를 모집한다는 소식에 급히 나섰던 것입니다. 큰어머니뿐만 아니라 다른 가족들도 모르게 중국으로 망명을 떠났기 때문에 큰어머니는 남편과 제대로 살림 한번 살아보지 못하고 홀로 고된 시집살이를 감당해야 했습니다. 신혼 생활이 없었으니 자녀조차 갖지 못했습니다. 아무런 희망도 없이 독수공방으로 하루하루 살던 인생이었기에 큰어머니는 형과 저를 아들로 키우며 큰 위로로 삼았습니다.

양부인 큰아버지는 고문과 총살로 떠나시고

양부인 큰아버지가 가족을 두고 독립운동에 전념하게 된 배경에는 영천의 백학학원이 있습니다. 10대 무렵의 어린 나이에 큰아버지는 나라의 독립을 그 무엇보다 중요하게 가르친 백학학원 교육을 진지하게 받아들였습니다. 백학학원은 백기만, 서만달 선생님 등을 교사로 세워 민족의식과 항일의식을 고취시키는 민족 교육에 열정을 다했습니다. 저항시인 이육사 선생님을 비롯해 조재만, 이원대, 이진영, 조병화, 안병철 선생님 등 많은 독립 유공자를 배출한 학교입니다. 큰아버지가 그들과 같은 길을 가게 된 이유입니다.

큰아버지는 지금의 초등학교인 자천보통학교에 입학했습니다. 호기심이 많아 초등학교를 졸업한 후 영천 지역의 유일한 중등학교인 영천농업보습학교에 입학하여 1년 과정을 마쳤습니다. 이후 청소년기를 거쳐 청년이 되면서 학교 동기생들과 이곳저곳을 다니게 되었습니다. 그 무렵에 각 마을마다 일본의 수탈로 사람들이 힘들어하는 것을 보게 되었습니다. 이미 결혼한 후였지만 가정을 마음에 두기보다 평소 친하게 지내던 이웃 동네 친구 안병철 선생님의 권유를 마음에 더 크게 두고 있었습니다. 불의를 보면 참지 못하는 욱하는 성격임에도 마음이 넓고 소탈해 친구들에 둘러싸여 살았다고 합니다. 그들과 밤낮으로 어울리며 조국의 독립과 백성의 해방이라는 꿈을 키우며 중국으로 떠나게 된 것입니다. 정호삼 큰어머니와 신혼 생활을 시작하지도 않은 채였고, 1933년 8월 인근 마을의 이진영 선생님과 함께였습니다.

중국 상해에 도착한 직후 남경으로 이동하여 의열단에 가입하셨고, 조선혁명군사정치간부학교를 거쳐 중국 중앙육군군관학교 낙양 분교 한인 특별반을 졸업하셨습니다. 졸업 후에는 1935년 7월 민족 혁명당에 입당하여 비밀 첩보 활동을 전개하셨습니다. 1937년 7월 중일 전쟁이 발발하자 그해 12월 중국 중앙육군군관학교 성자 분교에 입교하여 1938년 5월에 졸업하고 조선민족전선 본부가 있는 중국 한구漢口로 돌아와 공작 활동을 전개하였습니다.

1938년 10월 김원봉의 주도로 창립된 조선 의용대 창립 주역으로 대일 항쟁에 참여하기도 했으며, 1941년 조선 의용대 대원들과 황하를 건너 화북 지역에서 일어난 대일 전투에 수십 차례 참전하여 혁혁한 공을 세우기도 했습니다. 큰아버지가 중국에서 활동할 때는 공문덕孔文德, 마덕산馬德山 이라는 가명을 사용했습니다. 1943년에 중국 산서성 전투에 참여하여 일본군과 격전을 벌였습니다. 그 전투에서 조선 의용군 중대장으로 소속 부대원들을 진두지휘하던 큰아버지는 결국 일본 헌병대에 체포를 당했습니다. 북경에 있던 일본군 석문헌병대에 압송된 이후 일본군의 악랄한 고문에 시달려야 했고, 긴 고문 끝에는 총살로 뼈아픈 생을 마감하게 되었습니다. 죽음을 맞이하기에는 너무 아깝고 너무도 고운 나이 32세였습니다.

짧은 생을 마감하면서 양부인 큰아버지가 우리 가족에게 남긴 것은 '재 한 봉지'가 전부였습니다. 불에 타 버린 큰아버지의 시신은 당시 대한민국 임시 정부의 외무 총장이던 김규식 박사님에 의해 한 줌 잿개비로 큰어머니에게 전해진 것입니다. 홀로 고된 삶을 영위하시던 큰어머니가 얼마나 황망하셨을지 짐작하기 어렵습니다. 현실을 받아들이기 어려웠을 것입니다. 큰아버지의 그 한 줌의 흔적은 고향 땅에 묻혔는데 지금도 고향에 모시고 있습니다. 독립장이 추서되면 대전 현충원에 모실 수 있지만 큰어머니가 고향에 묻혀 있기에 두 분이 고향에 함께 계시는 것이 좋겠다고 생각해서입니다. 이제는 두 분을 함께 대전 현충원에 모셔야 하지 않겠느냐고 가족들과 의논 중에 있습니다.

양부인 큰아버지에게 1977년 건국 훈장 독립장이 추서된 데에는 수훈

자가 있습니다. 바로 저의 친부인 이원섭 아버지로, 청와대에 수백 통의 진정서를 보냈습니다. 수 년에 걸쳐 주야로 시간 날때마다 보냈더니 청와대에서 연락이 왔고, 그러던 중에 국사 편찬 위원회에서도 연락이 오면서 큰아버지의 업적이 드러나게 되었습니다.

그 무렵 큰아버지의 동기인 당시 김승곤 독립군 유족회 회장님이 대구에 있는 우리 집으로 찾아와 친부와 함께 밤새도록 이야기 나누던 장면을 잠결에 얼핏 본 기억이 납니다. 김승곤 회장님은 이원대 애국지사의 동생 가족이 대구에 살고 있는 것을 몰랐다는 것이었습니다. 제가 영남대학교 3학년에 재학 중일 때였습니다.

양모인 큰어머니의 극진한 돌봄으로

모든 독립운동가들이 그러했듯이 저의 큰아버지 또한 가족은 뒷전에 둔 채 조국의 독립에만 일생을 몰입한 분입니다. 분명 영광스러운 업적을 이루셨는데 가족들이 물려받은 것에는 그런 영광스러움이 재 한 줌 만큼도 없었던 것 같습니다. 해방된 이후에도 친일 세력이 사회 곳곳에서 세를 잡고 있었던 터라 독립운동을 했다고 알리기는커녕 오히려 숨겨야 하는 형편이었습니다. 세상 권세를 따라 움직이는 사회와 사람들의 시선도 그리 따스하지 않았습니다. 큰아버지가 독립운동가로서 명예를 되찾고 저희 형제가 독립운동가의 후손이라는 사실이 알려지기까지 쉽지 않은 시간을 보냈습니다.

다행히도 저보다 일찍 양자가 된 형이 양모인 큰어머니에게 그나마 큰 힘이 되었습니다. 형님은 어렸을 때부터 큰어머니의 극진한 사랑으로 자라 친어머니 이상으로 사이가 좋아 보였습니다.

저는 가끔 고향에 내려가곤 했는데, 시골에 내려갔다가 양모인 큰어머니에 관한 깜짝 놀랄 일을 겪었습니다. 지금으로부터 50여 년 전 고등학교 1학년 여름방학 때의 일이었습니다. 큰어머니는 집 뒤꼍에 닭장을 두고 닭 몇 마리를 기르셨습니다. 그날 계란을 꺼내시려고 닭장 문을 여는 순간 닭이 놀라서 갑자기 밖으로 튀어 나오는 바람에 닭장 위에 얹혀 있던 큰 돌 하나가 떨어지면서 큰어머니의 발등을 찍고 말았습니다. 그 시절에는 병원에 가려면 10리 산길을 업고 가야 했기에 병원에 갈 형편이 도저히 안 되었습니다. 된장을 바르는 민간요법으로 응급 처치를 하고는 고통을 참고 지내셨습니다. 시간이 지나 다시 살펴보니 발등뼈가 으스러져 결국 함몰된 채로 생활하셨습니다. 지금 다시 생각해도 안타까운 기억입니다.

  형도 고등학교에 들어갈 나이가 되어서 대구로 유학을 오게 되었습니다. 형은 당시 대구상업고등학교를 졸업해서 은행에 취직하여 가정을 일으켜 세워야겠다는 생각밖에 없었습니다. 형의 계획대로 대구상업고등학교로 진학했지만 졸업 후 막상 은행으로 입사하자니 쉽지 않았습니다. 은행에 들어가기 위해서 형은 1년 동안 독서실 생활을 하며 '취업 재수'를 했습니다. 그때 형이 공부하던 독서실로 날마다 도시락을 배달하러 다니던 장면들이 지금도 훤합니다. 결국 형은 서울에 있는 국민은행에 취직해 1~2년 정도 혼자 지내다가 큰어머니도 서울로 모셔 줄곧 함께 살았습니다. 그때부터 형이 저도 돌보기 시작했습니다. 덕분에 저는 고등학교 졸업 후 영남대학교 경영학과에 진학할 수 있었습니다. 제가 대학교를 졸업하기까지 형의 도움이 커서 무사히 졸업 후 당시의 금성사에 취업할 수 있었습니다.

  1977년 김승곤 광복회장님과 안중근 의사 사촌 동생인 안춘생 광복회장님과 연락이 닿은 것은 참 감사한 일이었습니다. 그분들로 인해 큰아버지의 독립운동 사실이 공식적으로 밝혀지면서 비로소 독립운동가 이원대 애국지사의 가문으로서 명예를 되찾을 수 있었습니다.

기억합니다 **103**

"그동안 아버지를 위해 해 드린 것이 아무것도 없어 늘 마음이 허전했는데, 이렇게 큰 영광을 받게 되어 이루 말할 수 없이 감사하고 기쁩니다."

형도, 어머니도 벅찬 감정을 감추지 못하셨습니다. 큰아버지의 숭고한 희생이 세상에 다시 기억되고 그 뜻이 빛을 발하는 순간이었습니다. 저 역시도 큰아버지에게 건국 훈장 독립장이 추서된 그해를 잊을 수 없습니다.

독립운동가 이원대 李元大 애국지사 (1911-1943)

경북 영천에서 태어나 중국으로 망명하기까지 고향에서 성장하며 나라의 독립을 위한 뜻을 키운다. 백학학원을 거쳐 자천보통학교와 영천농업보습학교(현 영천중학교)를 졸업한 뒤, 1933년 독립운동을 결심하고 중국으로 망명한다. 조선혁명군사정치간부학교와 중국 중앙육군군관학교를 졸업하고 수십 차례에 걸쳐 대일 전투에 참여하여 탁월한 전공을 세운다. 1942년에는 조선 의용대 분대장으로 임명되어 무장 투쟁을 이끌고 대원을 모집하는 활동도 전개한다. 그러나 일본군에 체포되어 '군사 정탐죄'로 사형을 선고받고 1943년 일본군 헌병대의 총살로 순국한다. 1977년 건국 훈장 독립장이 추서되고, 1998년 6월에는 국가 보훈처, 광복회, 독립 기념관 공동에 의해 '이달의 독립운동가'로 선정된다.

" 짧은 생을 마감하면서 양부인 큰아버지가 우리 가족에게
남긴 것은 '재 한 봉지'가 전부였습니다. 불에 타 버린
큰아버지의 시신은 당시 대한민국 임시 정부의 외무 총장이던
김규식 박사님에 의해 한 줌 잿개비로 큰어머니에게
전해진 것입니다. 홀로 고된 삶을 영위하시던 큰어머니가
얼마나 황망하셨을지 짐작하기 어렵습니다."

106 둘_ 존경합니다

첩첩산골 빈농에서 시작된 가난의 굴레

이영협 독립운동가 이덕흠 애국지사의 아들

60년 고생길 지나 이제서야

2021년 6월이었습니다. 전라남도 장흥문화원에서 연락이 오기를, 아버지가 독립 유공자로 선정되었다는 것입니다. 너무 놀랐습니다. 평생을 살아오면서 아버지가 독립 유공자라는 말은 금시초문이었기 때문입니다. 곧바로 독립 유공자 유가족 등록을 신청하자 그해 8월에 아버지가 독립운동 유공자에 추서되셨습니다. 우리 가족이 경제적으로 많이 어려운 시기였기에 유족에게 주어지는 보상금과 각종 혜택에 정말 감사했습니다. 유족 연금을 받는 것도 감사했지만 무엇보다 수원시 조원동의 보훈 복지 단지에 입주하게 되어 기뻤습니다. 아버지 덕분에 행복한 노년을 보내게 되어 기쁘고 감사한 나날을 보내고 있습니다.

그러나 한편으로는 아쉬움과 안타까움도 없지 않습니다. 국가 유공자에 대한 예우와 보상을 위한 법적 제도는 1962년에 시작되었습니다. 1990년에는 독립 유공자만을 위해 별도로 '독립 유공자 예우에 관한 법률'이 제정된 것으로 알고 있습니다. 저도 인간인지라 이런 혜택을 온전히 누리지 못한 점이 안타깝습니다. 태어나서 60년이 지나서야 독립 유공자 후손으로 등록된 현실이 억울하기도 합니다. 제 바람은, 국가 기록원 기준으로라도 보상이 이루어지는 게 마땅하지 않나 하는 생각이 듭니다. 그동안 영문도 모른 채 거의 평생을 어렵고 험한 길 걸어온 것을 생각하니 더욱 그러합니다.

전라남도 장흥군 용산면 어산리 첩첩산골이 고향입니다. 빈농가에서 나고 자라면서 가난에 대해 생각해 볼 겨를도 없이 입에 풀칠하며 살아내기가 바쁘고 힘겨운 인생을 살았습니다. 암울함, 험난함, 비참함 같은 세상의 언어로는 전달할 수 없을 만큼 빈곤하고 고단했습니다. 왜 그렇게 살아야 하는지, 가장인 아버지가 왜 집안을 돌보지 못한 것인지, 이

모든 이유를 불과 몇 년 전 독립 유공자 유족이 되면서 알게 되었을 정도로 그저 먹고 살기에 급급했습니다.

초등학교 중퇴 후 머슴살이까지

초등학교 5학년의 나이에 학교를 그만두고 부모님을 도와 농사일을 해야 했습니다. 배움을 포기한 것은 가난 때문이었습니다. 조부모님으로부터 물려받은 터전이 전혀 없었습니다. 인천 이씨 문중에서 제공해 준 전 2백 평과 답 3백 평으로 농사를 지었고, 그 전답에서 나온 곡식으로 조부모님 두 분, 부모님 두 분, 두 누님, 저와 두 남동생, 총 아홉 명의 식구가 먹고 살다 보니 생활하기에 턱없이 부족했습니다. 초등학교 3~4학년 무렵, 귀가하면 맷돌에 보리나 밀을 갈아서 죽을 해 먹으며 겨우 굶주림을 면하곤 했습니다. 고구마나 감자라도 있으면 횡재한 날이고 그렇지 않으면 여기저기 돌아다니며 소나무 속껍질, 느릅나무 속껍질, 칡뿌리 같은 온갖 풀뿌리 등을 캐 먹으며 살았습니다. 가난도 진저리나게 싫었지만 그 가난이 끝나지 않고 매일 이어진다는 사실이 죽고 싶을 만큼 싫고 힘들었습니다.

열서너 살쯤으로 기억합니다. 작은 누님과 같이 볏짚으로 가마니를 짜서 팔았습니다. 그 시절 시골에서 유일하게 현금을 만질 수 있는 방법이었습니다. 그렇게 번 현금은 쓰지 않고 모아 두었다가 명절이 되면 제수 비용으로 사용하곤 했습니다. 박정희 대통령 시절 퇴비를 장려하던 때인 16세부터는 아버지와 함께 풀을 베어다가 퇴비를 만들어 논밭에 뿌리는 일을 했습니다. 땔감을 해다가 지게에 지고 20리나 떨어진 식당에 팔아 생활비를 보태기도 했습니다. 동네 어르신들에게 평동댁 아들이 20리가 훨씬 넘는 먼 곳에 나무를 팔러 갔다고 크게 칭찬받을 정도로 열심히, 정확히는 비참하게 살았습니다. 어린 나이에도 쟁기질은 기본이고 심지어 머슴살이까지 했을 정도입니다.

　겨울철에 그렇게 힘들게 일해도 따뜻한 방은 꿈도 꾸지 못했습니다. 아궁이에 불을 지펴도 아랫목에만 온기가 돌 뿐 윗목에서는 얼음이 얼 정도로 방안이 추웠습니다. 그무렵 복막염에 걸린 적이 있는데 병원에 갈 엄두도 못 냈습니다. 약방 처방약만 겨우 구해 먹을 수 있었는데 감사하게도 약만으로 나을 수 있었습니다.

구두닦이로 시작한 서울 살이

사춘기가 뭔지도 모르고 자라 일찍 철든 아들로서 부모님에게 쌀밥 한 끼 해 드리는 게 소원이었습니다. 장남으로서 가난한 살림을 청산해야겠다는 생각만 갖고 무작정 상경했습니다. 제 나이 17세로 기억합니다. 통행금지가 있던 시절에 오전 4시 30분경 서울에 도착했습니다. 막상 무엇을 해야 할지 막막했습니다. 시청, 무교동, 청진동 근처를 서성거리며 돌아다니는 중에 제 또래들이 구두 닦는 모습을 보게 되었습니다.

"야, 너도 구두 닦아 볼래?"

그때 만난 친구 이명학을 따라 저는 구두닦이가 되었습니다. 그렇게 먹고 살 일을 해결할 수 있었고, 친구 이명학을 따라 남산 아래 일명 '색시촌'이라 불리던 판자촌 근처에 잠자리를 마련하면서 잠자리도 해결할 수 있었습니다. 얼음 같은 냉골에 상자를 요 삼고 신문지를 이불 삼아 겨울을 넘겨야 했습니다. 추위를 견디기 위해 그 친구와 부둥켜안고 밤하늘의 별을 보며 얼마나 울었는지 모릅니다. 삶을 짓누르던 그 시절의 무게와 뼈를 도려내는 듯한 고통은 무슨 말로도 위로가 되지 않았습니다. 어린 나이에 감당하기 어렵던 세월이 주마등처럼 스쳐갑니다. 그때 일을 생각하면 지금도 자다가 깨곤 합니다. 그러고 보니 그 시절 아픔과 배고픔과 추위를 함께 나누던 친구 이명학이 참으로 그립습니다.

"이명학, 이 사람아 어디에 있는가? 정말 보고 싶네. 살아 있어 연락이 닿으면 좋겠네."

아픔이나 고통과 상관없이 세월은 잘도 흘러갔습니다. 어느덧 21세가 되자 입영 통지서를 받게 되어 구두닦이 생활 5년이 끝이 났습니다. 늘 위로가 되어 준 친구 이명학과도 작별하게 되었습니다. 훈련소 생활을 무사히 마치고 5사단 공병대 수송부로 배정을 받았습니다. 돈벌이 생각에 당시 남들이 꺼리던 월남 파병을 신청했지만 저의 618 주특기와 관련해서는 파월 차출이 없어서 무산되고 말았습니다. 제대 후인 23세 때 다시 서울로 갔습니다. 부모님과 가족들을 위해 돈을 벌어야겠다는 생각에 닥치는 대로 일해야 했습니다. 식당 종업원, 건축 인부, 월부 외판원 등을 거쳐 당시의 금성사 라디오 카세트를 등에 메고 종로, 을지로, 광화문, 청계천 등을 누비며 장사를 하게 되었습니다.

부모님과 남동생을 연이어 떠나보내고

어느 날 아버지가 위독하시다는 전보를 받고 급하게 고향집으로 향했습니다. 아버지는 이미 체념하신 듯 바싹 마른 몸으로 거친 숨만 몰아쉬는 상태였습니다. 그런 아버지를 바라보면서 아무것도 해 드릴 게 없는 아들의 심정은 겪어 보지 않고는 알 수 없을 것입니다. 큰 불효자라는 생각에 너무도 깊은 슬픔이 밀려왔습니다. 가족과 막 작별한 아버지 손을 붙잡고 얼마나 울었는지, 아버지를 뒤로하고 돌아오는 길에도 삶이 서럽고 무서워 많이 울었습니다. 무수한 시간이 지난 지금도 불효에서 자유롭지 못해 용서를 구하며 살고 있습니다.

아버지가 돌아가신 지 7개월 지났을 즈음에는 어머니가 위급하시다는 전보를 받았습니다. 집으로 가던 길에 나주역에서 복숭아 한 바구니를 사 들고 집에 도착하니 어머니와 막내동생이 수제비로 저녁을 먹고 있었습니다. 어린 동생도 형의 귀향에 몹시 반가워했습니다. 동생은 수제비를 먹다 말고 복숭아를 꺼내 허겁지겁 몇 개 먹는 것이었습니다.

"아이고 배야. 아이고 배야."

어찌된 일인지 동생이 계속 설사를 반복하는 것이었습니다. 그것이

동생과 마지막이 될 줄은 정말 몰랐습니다. 며칠 동안 입을 다문 채 잠만 자던 동생이 7일 정도 지나자 하늘나라로 떠나 버렸습니다. '니 동생 숨소리가 들리지 않는다'며 통곡하시던 어머니의 모습도, 멀리 가 버린 동생의 주검도 모두 비현실적으로 느껴졌습니다. 항아리를 관 삼아 동생의 시신을 바지게에 짊어지고 동네 앞산 양지바른 곳에 묻고 돌아오는 길에도 한없이 울었습니다. 사랑하는 막내동생의 나이는 겨우 9세였습니다. 어린 동생이 죽어 가던 장면과 돈이 없어 병원에도 데려가지 못하던 상황에 너무 큰 충격을 받았습니다. 아버지에 이어 동생을 지키지 못한 자책감이 또 다시 옥죄어 왔습니다.

  어머니는 영양실조로 인한 폐병으로 늘 숨쉬는 게 힘들었습니다. 특히 초여름부터 초가을까지 숨이 막히고 기침을 심하게 하는 해수병을 곧잘 앓았기 때문에 이불을 턱밑까지 올려놓아야 그나마 잠시 잠을 청하실 수 있었습니다. 금방이라도 끊어질 듯한 어머니의 숨결을 옆에서 지켜보자니 속이 새까맣게 타는 듯한 심정이었습니다. 며느리 손으로 지은 따뜻한 밥 한 끼 얻어먹고 죽는 게 소원이라는 말씀이 늘 마음에 맴돌았습니다. 마음에도 없던 결혼식을 올린 것은 그 때문이었습니다.

  25세 겨울, 당시의 전통에 따라 구혼을 올린 후 하룻밤을 처가에서 묵고 다음날 아내를 데리고 본가가 있는 동네 입구로 들어서는데 여기저기에서 울음소리가 들렸습니다. 어머니가 돌아가신 것이었습니다. 결혼한 아들 내외 얼굴도 못 보시고 쓸쓸하고 외롭게 세상을 떠나셨습니다. 막 결혼한 새신랑이라고 어머니의 마지막 가시는 길에 얼굴도 보지 못하게 해서 그냥 보내드려야 했습니다. 땅을 치며 통곡했습니다. 어찌나 비통한지 넋을 잃었습니다. 저와 바로 아래 동생만 남고 아버지, 막내동생, 어머니를 연이어 떠나보낸 것입니다. 막상 결혼을 했지만 충격스러운 형편 가운데 결혼 생활이 순탄하지 않았습니다. 결국 2년 정도의 결혼 생활은 이혼으로 끝이 났습니다. 아내와 딸을 끝까지 책임지지 못했다는 죄책감에 지금도 늘 미안하고 부끄럽습니다.

자수성가도 잠시 다시 내리막길로

다시 혼자가 되었고 다시 서울로 갔으며 다시 외판원 생활을 시작했습니다. 어릴 때처럼 청계천, 종로, 을지로, 동대문 등을 돌아다니며 물건을 파는 일이었습니다. 어려웠지만 열심히 했습니다. 그러던 중 광장시장에서 구제품 가게를 운영하던 지금의 아내를 만나 31세 되던 해에 결혼하게 되었습니다. 아내는 시장에 갈 때마다 늘 책을 읽고 있었습니다. 평소 눈여겨보면서 저런 사람과 결혼하면 좋겠다는 마음을 갖게 되어 적극적으로 다가가서 결혼까지 이를 수 있었습니다. 그때까지도 저의 형편이 여전히 어려웠기 때문에 상계동과 신림동 등 달동네를 옮겨다니며 가정을 꾸렸습니다. 그렇게 슬하에 아들과 딸을 두었으며, 현재 다섯 명의 손주와 손녀를 둔 다복한 가정을 이루고 있습니다.

결혼 후에도 종로와 을지로 등지에서 부지런히 외판원 생활과 노점상 등을 겸하면서 저에게도 돈을 모을 기회가 있었습니다. 그때 당시 모은 현금 5백만 원과 수표 1억 원을 손에 쥐고 성남시 분당의 '코끼리상가'에 입주할 수 있었습니다. 더 이상 노점이나 외판을 할 필요가 없는 번듯한 저의 가게가 생긴 것입니다. 그곳에서 '코끼리체육사'와 '미치코런던'이라는 브랜드의 교복점을 운영하게 되었는데 그야말로 '대박'이었습니다. 주변에서 부러워할 정도로 넉넉한 생활을 하게 되었고 자연스레 여러 사람 앞에 설 수 있는 기회도 생겼습니다. 수내2동 방위협의회 회장, 배드민턴동호회 회장, 코끼리상가번영회 회장 등을 맡아 활동하였고, 당시 이대엽 성남시장 이름으로 표창장도 받았습니다. 일본 전국대회한마음축전 육상부 한국 대표로 출전하여 800m 부문에서 동메달을 획득하기도 하였습니다. 분당구 수내동에서 일종의 유지가 되어 아쉬움 없이 살았습니다.

하지만, 그 행복도 오래가지 않았습니다. 1998년 위암 진단 후 수술을 받으면서 사업이 점점 기울어 결국 부도에 이르게 되었습니다. 소유하고 있던 7개 점포와 33평 아파트 모두 채권자에게 넘겨주고 빈털터리가 된 채 도망하다시피 경기도 군포시 산본역 부근으로 이사하게 되었습니다. 그곳에서 딸이 3평 정도 규모의 점포를 임차해 준 덕분에 고령의 아내가 지금까지도 옷 수선을 하며 우리 부부의 생계를 책임지고 있습니다. 먹고 사는 데 크게 어려움이 없지만 그간 아내가 고생을 너무 많이 했습니다. 진심으로 아내에게 용서를 구하며 살고 있습니다. 또한, 저 때문에 피해를 보신 분들에게 늦었지만 선처와 용서를 빌고 있습니다.

독립 유공자의 희생을 기억하기를

친일 세력들은 조선 총독부에 독립운동가들을 밀고하고 그 대가로 받은 돈으로 호의호식하며 권력과 부귀영화를 누리며 살았습니다. 반면 독립운동가들은 그들의 눈을 피해 숨고 도망다니느라 가정 살림이 형편

없었습니다. 무엇보다 가족을 부양해야 할 시기에 각 가정의 가장들은 빼앗긴 나라를 되찾는 일에만 열과 성의를 쏟아 붓느라 가정은 뒷전이었습니다. 때문에 독립운동 유공자와 그 가족들 대다수는 넉넉한 삶을 살지 못하고 생활고에 허덕이며 살아왔습니다. 고통과 배고픔으로 서러운 삶을 살아왔습니다. 목숨까지도 아끼지 않고 나라를 되찾는 일에 일생을 바친 결과치고는 너무 비정한 현실이었습니다.

보상을 받기 위해 독립운동에 참여한 유공자는 그 누구도 없습니다. 오직 나랏일만 생각했고 그 가족들은 다들 그렇게 사는가 보다 여기며 평생을 대부분 어렵게 살아왔을 것입니다. 저 역시 영문도 모른 채 힘겨운 인생과 부딪치다 보니 피해 의식과 자책과 죄책감 등에 사로잡혀 바보처럼 여겨질 때가 많습니다. 더 마음 아프고 억울한 것은 나라를 위해 애쓰신 아버지가 그렇게 빈곤한 삶에 시달리다 제대로 된 약 한 번 못 드시고 가셨다는 사실입니다.

1926년 마을 사랑방에서 독립운동을 하시던 중 친일파의 밀고로 험한 옥고의 시간을 감당하셔야 했고, 출옥 후에는 혹독한 고문의 후유증으로 60세에 삶의 끈을 놓으셔야 했습니다. 아버지와 같은 분들의 희생이 있었기에 지금의 이 땅이 평화를 누리고 안정된 삶을 살게 되었다고 봅니다. 이 사실과 이 역사가 잊혀지지 않았으면 하는 바람, 아니 잊혀져서는 안 될 일입니다.

독립운동가 이덕흠(李德欽) **애국지사 (1905-1962)**

전라남도 장흥군 용산면 어산리에서 출생, 장흥군 남면을 중심으로 조직된 비밀결사 단체인 장흥농민조합의 농민반원으로 활동하며 조직적인 항일 운동에 참여한다. 특히 1934년 전남운동협의회에 연루된 일로 일제 경찰에 체포되어 고문을 받는 등 가혹한 탄압을 겪는다. 같은 지역 출신인 문수옥, 이유섭, 이천흠 등과 함께 치안 유지법 위반 혐의로 재판을 받은 기록이 있으며, 1935년 기소 유예 처분을 받아 석방된다. 3.1절을 전후한 국무 포상 심사에서 '의향 장흥'을 대표하는 독립운동가로 공적이 인정되어 2021년 정부로부터 대통령 표창이 추서된다.

인정 많은 애국자
아버지 대신
가장이 되어

임재두 독립운동가 임봉상 애국지사의 장남

땅 팔아서 남들 쌀밥 먹이던

경상남도 합천 산골 마을이 고향으로 그곳에 전답이 약 3천 평 정도 있었습니다. 산골 마을에서는 그 정도 땅이면 자급자족하면서 밥 먹고 살 만했기에 가진 땅만 잘 일구어도 먹고 사는 데 지장이 없었습니다. 그런데도 아버지는 직접 농사하는 일 없이 일꾼을 사서 농사를 지었습니다. 게다가 일꾼들에게 임금을 후하게 준다고 알려지다 보니 너도나도 우리 집 농사일을 잘 도와주려 하였습니다. 우리 식구들은 보리쌀을 먹을망정 일꾼들에게는 쌀밥을 먹였으니 당연지사였습니다.

남들이 우리 집을 부잣집이라고 하니 아버지는 사랑방을 찾는 손님들을 접대하시기에만 바쁘셨고 가정사는 별로 돌보지 않으셨습니다. 농사일로 가족 모두가 바쁜 농번기에도 우리집 사랑방은 아버지가 초대한 손님들로 차고 넘쳤습니다. 사람을 좋아하는 아버지가 사람들을 불러 모으기도 하셨고, 또 아버지를 좋아해서 스스로 찾아오는 사람들도 많았습니다. 당시 먹고 살기 힘든 시골에서 평생을 '공자 왈, 맹자 왈'만 하다 보니 가정 경제에 대해서 무책임을 넘어 무능했습니다. 동생이 대학교를 졸업할 때까지 십 원 하나 보태지 못해도 한없이 태평스러웠을 정도였습니다.

아버지 나이 20대 후반 쯤인 1930년대 후반, 우리가 살던 동네의 면장님이 아버지를 찾아와 면사무소 일을 좀 도와 달라고 요청했습니다. 당시에 아버지가 하는 일이 없었기에 그 일이라도 해서 가계에 보탬이 되었으면 좋았으련만 그 자리에서 즉시 거절했습니다. '왜놈 밑에서는 일하지 않는다'는 게 이유였습니다. 대쪽 같은 의식을 앞세워 가장이 일도 안 하시고 혼자서 공부만 하시거나 친구들과 어울리기만 하셨으니 식구들은 먹고 살기가 너무 힘들었습니다. 내 것은 챙길 줄 모르고 남에게 퍼

주기만 좋아하니 본인만 좋은 사람일 뿐이었습니다.

사랑방에 북적이던 그 많은 손님들을 치르느라 정작 바쁘고 힘드셨던 분은 어머니였습니다. 아버지 대신 가족의 생계까지 책임져야 했던 분도 어머니였습니다. 당연히 어머니의 고생은 말로 다 표현할 수 없을 지경입니다. 그 많은 사람들을 먹이고 재우다 보니 우리집의 살림살이가 한 해 한 해 기울어 갔습니다. 매년 논을 팔아 생활하다 보니 그 많던 땅이 점점 줄어들고 있었는데 6.25 전쟁 때에는 인민군에게 키우던 소까지 빼앗기면서 집안 살림이 아주 어려워졌습니다. 그렇게 가난해지면서 동네 형들에게 무시를 당하기도 했습니다. 집안이 어려워 산에서 나무를 해 오면 동네 형들이 나무를 빼앗기도 하고 조롱 섞인 말로 상처를 주기도 했습니다. 국민학교를 졸업할 때인 1953년 봄에는 중학교에 진학할 수 없을 정도로 가세가 기울었으며 형편이 어려워졌습니다.

도배 일을 도우며 주경야독으로

고향에서는 더 이상 생계를 꾸릴 방법이 없자 아버지는 고향을 떠나 부산에 있던 친구를 찾아갔습니다. 마침 한 표구사에서 병풍에 글을 쓸 사람을 찾고 있어서 친구의 소개로 아버지는 그 표구사에서 일할 수 있었습니다. 표구사 주인이 병풍을 들고 가는 곳마다 한학자인 아버지는 붓 하나 들고 따라가는 식이었습니다. 병풍을 구입한 사람이 좋아하는 글귀를 써 주기도 하셨고, 아버지가 평소에 좋아하는 주자 선생의 글을 주로 적어 주시기도 하셨습니다. 그렇게 2년여가 지나면서 아버지도 표구 기술을 어느 정도 익히게 되었습니다. 그러나 훗날 '글을 배워서 글씨를 팔아 돈을 벌었다'는 말씀을 하시며 편치 않은 마음을 드러내시던 기억이 납니다.

"다시 공부해서 후배들하고 같이 중학교에 가거라."

부산에서 2년여 지내는 동안 저를 중학교에 못 보내고 집에서 일하게 둔 것이 아버지는 후회가 되셨던 모양입니다. 중학교에 진학을 권하신 아버지 말씀을 듣고 열심히 공부하여 1955년 중학교에 입학하였습니다. 그 무렵 서울이 수복되자 장사하기 좋겠다는 판단으로 서울로 이사하게 되었습니다. 하지만 중학교에 막 입학한 저는 합천 큰누님 댁에서 1년 동안 학교를 다니기로 하고 나머지 식구들인 부모님과 작은누님, 어린 동생은 서울로 떠났습니다.

이사 도중 대구역에서 서울행 야간 열차에 승차할 때 소매치기에게 가진 돈을 모두 빼앗기고 말았습니다. 전 재산을 잃어버렸으니 서울역에 도착했을 때는 돈 한 푼 없는 지경이었습니다. 서울역 근처 삼촌 댁을 찾아가 여독을 풀기가 바쁘게 아버지는 서울로 와서 장사하시던 고향 지인들을 만나 도움을 청했습니다. 그분들의 도움으로 도배 일을 시작하시며 살 길을 찾으셨고, 하나님의 도우심으로 삼촌 댁 근처 공터에 판자집을 지어 살게 되었습니다. 아버지가 도배 일을 하시는 동안 어머니는 서울 시내의 도로 포장 공사 현장에서 일하셨습니다. 살림은 작은누님이 책임지니 의식주가 해결되어 저도 중학교 2학년 때 서울로 전학해 무사히 중학교를 졸업할 수 있었습니다.

이후 야간 고등학교로 진학해 낮에는 아버지의 도배 일을 돕고 저녁에는 공부했습니다. 부모님의 일이 하루 벌어 하루 먹고 사는 식이었기 때문에 대학 진학은 꿈도 꿀 수 없었습니다. 일자리를 고민하던 중에 친지의 권유로 서울 철도청 고용직 시험에 응시해 합격하여 서울역에서 근무할 수 있게 되었습니다. 첫 월급으로 3,200원을 받아 가자 우리 집에 큰 웃음이 돌았고 제가 집안의 희망이 되었습니다. 입사 후 1년 후 즈음에는 영장이 나와 군에 입대하게 되었고, 제대 후에는 어렵게 서울역으로 다시 복직되어 안정된 생활을 이어갈 수 있었습니다. 이때부터 부모님 모두 일손을 멈추시고 가정 생활은 제가 책임지게 되었습니다. 복직 후 1년 정도 근무하면서 다시 철도청 총무처 행정 서기보 시험에 합격하여 철도 공무원으로 편안한 생활을 이어 갈 수 있었습니다.

철도청 공무원으로 동생을 뒷바라지하며

철도 공무원으로 근무하면서 야간 대학이라도 가야겠다고 생각하며 준비할 무렵이었습니다. 삼촌이 돈이 필요하게 되자 아버지가 알고 지내던 여관집에서 4만 원을 빌렸습니다. 지금으로 치자면 사채다 보니 이자가 너무 높았습니다. 아버지는 고향으로 가서 저렴한 이자로 4만 원을 빌리셨다면서 여관집에 갚으라고 저에게 부쳐 주셨습니다. 그 돈을 갚으러 여관집에 가려던 중에 여관집 종업원을 만났는데 돈을 받으러 왔다는 말을 믿고 가지고 있던 4만 원을 건넸습니다. 하지만 그 종업원은 돈을 들고 도망가 버렸습니다. 아버지는 여관집 주인에게 직접 돈을 갚지 않은 것에 많이 속상해 하셨습니다. 주변 사람들이 그런 돈은 안 갚아도 된다고 하셨지만, 사람은 신용이 있어야 한다는 게 아버지의 뜻이었습니다. 하는 수 없이 고향에 남아 있던 논 3백 평을 10만 원에 팔아서

빌린 돈은 물론 이자까지 전부 정리하셨습니다. 아버지는 이처럼 늘 반듯하고 고지식했습니다. 그 일로 낙심이 되어 제가 한동안 몸져 누웠습니다.

"사내 녀석이 이런 일을 가지고 고민하느냐! 아버지는 서울로 올 때 대구역에서 전 재산 다 잃어버리고도 맨몸으로 오늘까지 살고 있구만. 다 잊어버리고 직장이나 잘 나가거라."

아버지의 야단에 다시 몸을 추스렸지만 계획하던 대학은 완전히 포기하고 직장 일에 열심을 내었습니다. 생각을 해 보니 저 자신보다는 열 살 아래인 동생을 공부시키는 게 좋겠다 판단했습니다. 감사하게도 저의 계획대로 동생은 열심히 공부해서 우수한 성적으로 대학을 졸업했습니다. ROTC 장교로 전역한 후에는 인덕공업고등학교 수학 교사로 발령받았고, 3년 후에는 상지대학교 교수로 임용되어 경영대학교 학장까지 지냈습니다.

경제적인 능력이 없었던 아버지는 동생이 공부하는 동안 학비를 보탠 적이 없습니다. 심지어 제가 서울역에 근무할 때에도 아버지는 친구들을 데리고 오셔서 태연자약하게 식사를 대접하곤 하셨습니다. 사람 좋아하는 본성과 타인에 호의를 베푸는 성향에 변함이 없었습니다. 그런 아버지를 모시고 철도 공무원으로 30년 동안 일했습니다.

언젠가 고향에 방문했을 때 동네 어르신들이 아버지에 관해 칭찬하기를 그칠 줄 몰랐습니다. 가족들에게는 불편을 끼쳤지만 이웃과 친구에게는 늘 관대했기에 좋은 사람이라는 이야기를 들을 수 있었던 것입니다.

"비록 고향에서는 망하여 서울로 갔지만 객지로 나가 성공한 사람은 너희 아버지밖에 없어."

마음이 착해서 하늘의 도움을 받아 서울로 이사 갔다며 고향 어르신들이 아버지를 칭찬하시고 부러워하시니 듣는 내내 감사하고 기분이 좋았습니다.

고향민들이 너도나도 독립 유공을 증명해

전두환 정부 말기 무렵 독립 유공자 신청 기사를 읽고 국가 보훈처에 문의하게 되었습니다. 아버지가 독립 유공자 자격이 된다는 답변을 들을 수 있었습니다. 아버지 생전에는 독립운동에 관한 이야기를 거의 듣지 못했기 때문에 보훈처 지시대로 관련 자료를 찾아보고자 창원 지방법원 거창 지원과 진주 형무소 등을 방문했지만 자료를 찾을 수 없었습니다. 그러자 보훈처가 인우 증명을 요구했습니다. 아버지에 대하여 잘 아는 스무여 명의 동네 면민들에게 아버지가 독립운동을 했다는 사인을 받아 오라는 것이었습니다. 고향에 내려가서 어르신들에게 아버지의 독립운동 사실을 말하니 너도나도 나서서 독립 유공을 증명해 주셨습니다. 아버지의 평판이 좋았던 덕분에 면장 이하 직원들, 학교 교장 선생, 경찰서장, 교육장, 동네 이장 등의 서명을 받아 어렵지 않게 인우 증명서를 제출할 수 있었습니다. 국가 보훈처에서 신분상의 지문 조회를 하였더니 경찰청 마이크로필름에 조선임시보안령 위반으로 징역 6월형이 기록되어 있다고 설명하면서 안심하고 기다리라는 말을 들었습니다. 이 말만 믿고 국가 보훈처에서 통보가 오기만을 기다렸습니다. 1년, 2년, 시간이 점점 흘러 결국 20년이 지나도 감감무소식이었습니다.

노무현 정부가 되어 또 다시 독립 유공자 신청 관련 기사를 신문에서 보게 되었습니다. 국가 보훈처에 연락해 기존 서류로도 연락이 없었는데 또 모집하는 것이냐 물었더니 재접수하라는 답변을 받아 기존과 똑같은 서류를 접수했습니다. 이번에는 서류 미비로 안 된다는 연락을 받게 되었습니다. 20년 전에는 서류에 이상이 없어 기다리라고 하더니 이제 와서 서류 미비라고 하니 뭔가 잘못되었다는 생각이 들었습니다. 며

칠을 곰곰히 생각하다가 마음을 굳게 먹고 국가 보훈처에 직접 방문해 담당 직원에게 강력하게 항의했습니다. 20여 년 동안 기다리며 배신 당한 듯한 마음을 담당자에게 격하게 토로했습니다. 한참을 항의하고 나니 그제야 너무 죄송하다며 다음 보훈 심사에 적극적으로 재추진해 보겠다는 답변을 들을 수 있었습니다. 몇 개월 후 2010년 8월 15일 아버지가 독립 유공자로서 선정되어 명예를 찾을 수 있게 되었습니다.

국가에서 유공자의 명예를 소홀히 여긴 책임을 물어 민사 소송을 내라는 이야기를 주변에서 들었습니다. 20년 동안 받지 못한 연금과 자녀 학비 등을 모두 받을 수 있을 것이라는 말이었습니다.

"아버지의 명예를 찾기 위하여 신청한 것인데 명예 회복에 만족해야지, 돈과 관련해 소송을 하게 되면 아버지의 명예 회복에 도움도 안 되고 우리가 원했던 본질과 멀어질 수 있으니 이것으로 만족하고 그만두는 게 좋겠습니다."

동생의 뜻을 받아들여 아버지의 명예를 찾은 것에 만족하기로 했습니다. 지난 세월 동안 가정을 등한시한 무능한 아버지라고만 생각하고 살았던 것이 한없이 미안하고 숙연해집니다. 굴곡진 인생의 여정을 거쳐 여든의 나이에 이르고 보니, 이제야 언제나 반듯하고 인격과 인정이 넘치던 아버지가 옳았다는 생각이 듭니다. 가난만 물려주셨다고 불평했는데 진짜 중요한 재산을 물려주셨다는 생각이 뒤늦게야 듭니다. 세월이 쌓이니 어릴 적의 미웠던 마음마저 그리움이 되어 아버지가 몹시 보고 싶습니다.

독립운동가 **임봉상**林鳳祥 애국지사 (1911-1985)

경상남도 합천 출신이다. 일제가 국가총동원체제라는 명목으로 1941년 금속회수 명령, 1943년 조선식량관리령 등을 통해 대한민국의 모든 물자를 수탈하고 노동력은 물론 각종 시설과 심지어 출판물까지 통제하려고 할 때 이를 거부하는 운동을 펼친다. 합천 주민들에게 일본의 요구에 응하지 말도록 신속하게 유도하고 영향력을 끼친 기록이 있다. 마을에서 선한 영향력을 끼치던 인물로 주민들의 호응을 받으며 활발한 독립운동 활동을 전개한다. 이로 인해 1944년 8월 조선임시보안령 위반으로 체포되어 징역 6월을 선고받고 옥고를 치른다. 그 공훈을 기려서 2010년 대통령 표창이 추서된다.

법정 다툼을 계기로
마주한
외조모의 생애

정은섭 독립운동가 이순길 애국지사의 외손자

연락원에서 여성 계몽 운동가로

외할머니 이야기를 하고자 합니다. 1906년 정동교회에서 신규식 선생님을 뵙고부터 외할머니의 삶이 엄청난 전환점을 맞이하게 되었습니다. 조국을 위한 길을 당신의 운명으로 받아들이게 된 것입니다. 그날 정해진 그 길은 외할머니의 평생이 되었습니다. 처음에는 단순한 연락원이었습니다. 독립운동 단체 지휘부의 명령을 비밀스럽고도 신중하게 전달하는 일이었습니다. 몇 년 동안 신뢰가 쌓이자 그 공을 인정받아 1910년에는 정식 통신원으로 임명되셨습니다.

　1911년 정신여자고등학교에 입학하신 후부터는 독립운동에 보다 적극적이고 조직적으로 가담하게 되었습니다. 그 학교는 당대 여성 독립운동가들의 산실이었습니다. 그곳에서 뜻을 함께 한 동지들과 1913년 졸업과 함께 송죽회를 조직하셨습니다. 그 이후 혈성 부인회, 대한 애국 부인회, 근우회, 신간회 등을 조직하기도 하셨습니다. 이 단체들을 통해 여성들의 의식을 일깨우고 실천 가능한 행동으로 독립운동의 기틀을 다지셨습니다.

　교통과 통신이 열악한 시대였습니다. 그런 환경에도 불구하고 외할머니는 전국의 기독교계 학교들과 손을 맞잡고 민족 교육과 특히 여성 계몽 운동에 힘쓰셨습니다. 겉으로 드러나는 직함 없이 활동하셨기 때문에 일본 경찰의 눈을 피할 수 있었습니다. 덕분에 단 한 번도 체포되지 않으시고 독립 관련 활동을 장기간 지속할 수 있었습니다.

신앙인에서 민족의 영적 사명자로

　신앙 역시 외할머니의 삶을 지탱해 준 큰 기둥이었습니다. 군산에 사시는 동안 외할머니는 눈에서 고름이 나는 고질병으로 고생하셨습니다. 여러 번 치료를 시도해 봤지만 차도가 없었습니다. 어느 날 외국인 선교사님이 몸과 마음을 치유해 준다는 소문을 듣고 무려 30리 길을 걸어 그들을 찾아갔습니다. 그곳에서 전킨 선교사님의 안수 기도와 의사이던 두루 선교사님의 치료를 받으며 놀라운 회복을 경험하셨습니다. 외할머니가 기독교 신앙의 기적을 체험한 사건이었습니다.

그때부터 매주 먼 길을 마다하지 않고 예배에 참석하셨으며 자연스럽게 온 가족이 기독교 신앙 안으로 들어오게 되었습니다. 외할머니는 회현교회와 군산 대하교회를 세우셨고, 어머니는 지경교회에서 전도사로 헌신하시기도 했습니다. 외할머니에게 기독교 신앙은 개인의 구원을 넘어 민족과 조국을 위한 영적 사명이었던 것 같습니다.

시대와 민족, 시국과 조국에 대해 영육의 해방이라는 큰 사명을 품고 사신 외할머니의 길은 가정에서도 헌신으로 이어졌습니다. 어머니가 막 태어나셨을 때조차 외할머니는 아이를 품은 채 현장으로 나가려 하셨습니다.

"아이는 내가 돌볼 터이니 애는 두고 가거라."

외할머니의 시어머니가 하신 말씀입니다. 결국 다섯 명의 자녀들은 모두 모친의 품이 아닌 시대 손에서 자라야 했습니다. 외할머니의 뒤에는 늘 묵묵히 가족을 지켜 주시던 외할아버지가 계셨습니다. 참판 가문의 자제로 유복한 삶을 살고 계셨는데 아내의 독립운동을 결코 막지 않으셨습니다. 아내의 뜻을 존중하고 지지하며 조용히 뒷바라지하시던 외할아버지는 시대의 장벽을 뛰어넘은 분입니다. 그런 외조부가 때로는 외조모보다 더 위대하게 느껴지기도 합니다.

병약한 어머니, 가난한 아버지

외할머니의 막내 딸인 저의 어머니는 모유도 먹지 못한 채 쌀가루 죽으로 연명하며 자라셨다고 합니다. 그래서인지 늘 병약했지만 마음만은 그 누구보다 강하셨습니다. 어머니는 저를 늘 '대통령'이라고 부르시며 '약한 이를 때리지 마라', '바르고 강하게 자라야 한다'는 말씀을 입버릇처럼 하곤 하셨습니다.

어머니와 아버지의 특별한 인연에는 외할머니의 역할이 큽니다. 외할머니가 대한 애국 부인회 활동 중 발각되어 큰댁으로 피신하셨을 때일입니다. 얼마 지나 외할머니의 시어머니가 큰댁으로 찾아오시더니 큰어머니를 포함해 세 분 사이에 혼담이 오갔습니다. 큰어머니가 신실한 총각이던 아버지를 외할머니에게 소개하신 것입니다. 당시 결혼을 간절히 원하던 아버지는 왕복 60리나 떨어진 교회로 매일 찾아가 교회 마당을 쓸었다고 합니다. 그 교회가 외할머니의 시어머니가 다니던 교회였습니다. 그 정성에 감복하여 외할머니의 시어머니가 결국 당신이 키운 손녀딸의 배우자로 아버지를 받아들이셨습니다.

당시 아버지는 별다른 직업이 없었고 농사에도 익숙하지 않으셨던 분이었습니다. 하지만 두 분은 사랑과 신뢰로 함께 하셨고 그 안에서 제가 태어났습니다. 어머니 집안은 그래도 부자였는데 어머니가 갑자기 세상을 떠나자 아버지는 큰 슬픔 속에서 삶의 방향을 잃으셨던 것 같습니다. 운수업에 도전했으나 실패하신 뒤 생계조차 감당하기 어려운 지경에 이르렀습니다. 그 시절 가정 형편이 너무 어려워 저는 학교에 다닐 수 없었습니다. 배움의 기회도 얻지 못한 채 자라던 제가 아버지에게 가방을 사 달라고 조르던 장면이 지금도 선명하게 기억납니다. 감사한 것은 그 아픔이 그저 아픔으로 끝나지 않고 제 삶에 하나의 교훈으로 새겨졌습니다. 교과서보다 가족과의 삶을 통해, 말보다 생생한 삶의 현장을 통해 더 깊고 웅장한 것들을 배우게 되었습니다.

뺑소니 사고가 소환한 외조모의 생애

    2009년 저는 인생에서 큰 사건을 겪게 됩니다. 당시 강원도 지역에서 대형 화물차 운전자로 큰 나무를 실어나르는 일을 하고 있었습니다. 대구에 사는 누님이 어머니와 외할머니의 산소를 함께 찾아가고 싶다고 해서 흔쾌히 동행하기로 하였습니다. 약속한 날에 눈이 내린다는 일기예보가 있어 하루를 미루고 다음날 출발해서 저녁 무렵에야 수원에 도착하였습니다. 그날 밤 10시경 수원 천천 IC 인근의 오르막길을 오르던 중이었습니다. 갑자기 택시 한 대가 제가 몰던 화물차 앞으로 급하게 끼어들었습니다. 그 순간 급히 브레이크를 밟고 운전대를 꺾으면서 화물차가 도로 가로막에 걸쳐 간신히 멈춰섰습니다. 불과 몇 미터 앞이 낭떠러지였기에 자칫 큰 사고로 이어질 뻔한 상황이었습니다. 사고를 낸 택시는 아무런 조치도 없이 저를 멀찍이 바라보기만 하다가 이내 뺑소니를 치고 사라졌습니다. 극도의 충격과 당혹감으로 저는 차에서 내리지도 못한 채 한동안 멍하니 앉아 있었습니다. 다행히도 목격자가 있어서 뺑소니 차량 번호를 기억하고 제게 전해 주셨습니다.

    곧바로 경찰에 신고하고 사건을 접수하였습니다. 며칠 후 돌아온 결과는 믿을 수 없게도 뺑소니 차량의 '무혐의 처리'였습니다. 조사 내용이 실제 사실과 다른 부분이 많아 억울했기에 법원에 여러 차례 진정서를 제출했습니다. 하지만 담당 검사 두 명 모두가 끝내 무혐의 결정을 고수하였습니다.

분노와 낙심이 찾아왔지만 끝까지 포기하지 않았습니다. 대검찰청에도 진정서를 제출하며 제 가슴 속에 간직해 온 자료 하나를 동봉하였습니다. 외할머니가 독립운동 당시 김구 선생님과 함께 촬영한 더없이 소중한 사진이었습니다. 단지 한 개인의 억울한 심정이 아니라 독립운동가 후손으로서 이 사회에 정의를 요구하고 있음을 알리려는 의도였습니다. 하지만 대검찰청도 저의 진정을 받아들이지 않고 사건이 수원 지방법원으로 이관되었습니다. 마지막이라는 각오로 진심을 다해 호소하였습니다.

"이번에도 진실이 외면 당한다면 이 모든 과정을 인터넷에 공개하겠습니다."

강력하게 주장하면서 3자 대면을 요청하였습니다. 그제서야 세 번째로 바뀐 검사가 저와 가해자, 그리고 관계자들이 함께 만나는 대면 조정을 허락해 주었습니다. 그제야 법정에 선 가해 운전자가 제 앞에서 무릎을 꿇고 용서를 구하는 모습에 그의 진심을 느낄 수 있었습니다. 결국 그를 용서하기로 했습니다.

'이제는 반드시 외할머니의 명예를 찾아드려야겠다.'

그 사건 이후 제 마음속에는 또 하나의 결단이 자랐습니다. 여성의 몸이었지만 누구보다 강한 신념과 의지로 조국의 독립을 위해 헌신하신 외할머니를 제대로 만났기 때문입니다. 불의에 굴하지 않고 일제의 압제에 맞서 싸우신 그 열정의 피가 제게도 흐르고 있음을 확인했기 때문입니다.

이후로 할머니의 삶을 기록하고 그 업적을 세상에 알리기 위해 전국을 돌아다니기 시작했습니다. 단기간에 끝나는 작업이 아니었습니다. 오래된 문서와 숨어 있는 자료를 찾기 위해 수많은 시간과 발품을 팔아야 했습니다. 전국 각지의 여러 기관을 방문하며 외할머니의 발자취를 되짚는 데 무려 10년이라는 세월이 걸렸습니다. 결과보다 그 여정의 시간들이 정말 소중하게 여겨집니다. 외할머니가 이 나라를 위해 얼마나 고귀한 인생을 사셨는지, 그럼에도 그 숭고한 삶이 어째서 이토록 묻혀 버리고 잊혀져 버린 것인지, 도대체 무엇이 잘못된 것인지, 여러 가지를 생각하게 되고 깨닫게 되었습니다. '이순길' 이 석 자가 저의 외할머니의 존함으로 한정되는 게 아니라 이 땅이 겪어 온 역사의 한 부분이라는 사실이 감동스럽습니다. 외할머니의 생애가 그 기록들 속에서 온전히 빛날 수 있기를 바랍니다.

독립운동가 이순길李順吉 **애국지사 (1891-1958)**

1891년 출생이다. 1919년 3.1 운동에 참여한 일로 체포되지만 불기소로 석방된다. 이후 황해도에서 교직 생활을 이어 가며 민족 교육과 여성 계몽 운동에 헌신한다. 대한 애국 부인회 통신원으로 활동하며 평양, 개성, 대구, 기장, 진주, 밀양, 거창 등지에 지부를 설립하고 독립운동을 이어 간다. 또한 국내에서 모은 독립 자금을 대한민국 상해 임시 정부에 전달하는 데에도 기여한 일로 1920년 다시 체포되지만 또 다시 불기소로 풀려난다. 2019년 독립운동의 공로를 인정받아 대통령 표창을 받는다.

셋 - 감사합니다

애국을 대물림한 가문의 용기_ 곽기룡
빈곤에도 꺾이지 않은 조부를 향한 존경심_ 곽영달
부산, 해주, 평택, 결국 고아원까지!_ 박수해
눈 뜨면 이사하던 설움, 그래도 그보다 크신 아버지_ 선우엽
인생의 유연함을 가르쳐 준 상담 봉사_ 이문규
가난의 대물림으로 여공으로 살았음에도_ 임하영

144 셋_ 감사합니다

애국을
대물림한
가문의 용기

곽기룡 독립운동가 곽중선 애국지사의 손자

증조부에서 두 조부로 애국이 이어져

할아버지 이야기를 하자니 자연스레 그 형님 되시는 큰할아버지 이야기를 꺼내게 됩니다. 또 두 분 이야기를 시작하자니 두 분의 아버지 되시는 증조부의 이야기부터 하게 됩니다. 증조부 곽준희 애국지사는 1907년 정미의병 때 의병 부대원으로 충북 및 전북 지역에서 일어난 대일 항전에 참여하여 싸우셨습니다. 그분의 장남이자 저에게는 큰할아버지 되시는 곽중규 애국지사는 서당에서 한학을 배우던 중에 미국인 선교사의 전도를 받고 기독교인이 되셨습니다. 곽중규 애국지사의 동생이자 저에게는 할아버지가 되시는 곽중선 애국지사 또한 형과 함께 기독교 신앙을 받아들여 선교 활동에 열심이었습니다.

두 분 모두 1919년 3월 고향인 충청북도 옥천군 이원면에서 독립 만세 운동을 주도하시다가 일본 경찰에 체포되어 대전 형무소에서 3개월간 옥고를 치르셨습니다. 이후 큰할아버지는 옥천을 떠나 서울로 가서 만국성서연구회에서 성경을 보급하는 일에 종사하시며 영어를 익혔다고 합니다. 형제가 같이 미국으로 건너가 독립운동을 이어 갈 계획이었지만 문제가 생겨 방향을 돌리면서 상해로 떠나시게 된 것입니다. 그때가 할아버지 곽중규 애국지사가 14세 되던 해였습니다.

큰할아버지는 상해에서 대한민국 임시 정부 임시 의정원 의원으로 활동하셨고, 상해에 있는 인성학교에 교사로 재직하면서 민족 교육에 헌신했습니다. 대한민국 임시 정부 외곽 단체인 병인 의용대에서 활동할 때 윤봉길 의사에게 상해 지리와 풍습에 관한 정보를 알려 주어 의거를 성공시키는 데 공을 세우셨습니다. 하지만 이것이 문제가 되었습니다. 안타깝게도 이 일로 일본 경찰에 끌려가 신의주로 압송되었고 2년 6개월 동안 옥고를 치러야 했습니다. 이후 결국에는 괴한의 총격으로 순국하셨습니다.

할아버지는 미국 선교사의 영향으로 영어가 유창했던 덕분에 상해에 있을 때 영국 철도 회사에서 근무하시기도 했습니다. 상해에서 할머니를 만나 결혼하시고 큰아버지와 아버지를 낳으셨습니다. 하지만, 할아버지는 저의 아버지가 태어나기도 전에 순국하셨습니다. 할아버지를 쫓던 일본 경찰의 총에 복부 관통상을 입은 채 28세의 젊은 나이에 돌아가셨습니다. 옥중에 계시던 큰할아버지 대신 큰댁 가족들을 비밀리에 돌보던 일이 발각되면서 그만 큰일을 치르게 되었습니다.

아버지는 유복자로 태어나 자수성가한

아버지의 고향은 상해로, 할아버지가 이미 하늘나라에 가신 이후 태어난 유복자입니다. 상해를 떠나 남한으로 내려오시면서 할머니는 재혼하셨습니다. 할머니와 재혼한 새 할아버지 사이에 삼촌과 고모가 태어나면서 아버지는 부모의 사랑을 받지 못했던 것 같습니다. 땅에 떨어진 보리쌀을 씻어 먹을 정도로 힘든 어린 시절을 보내시다가 중학교 1학년 때쯤 자의 반 타의 반으로 가출하여 고아처럼 자랐습니다. 아버지는 그 와중에도 독학으로 노력하여 경북고등학교를 졸업하고 영남대학교의 전신인 청구대학교 치기공과에 입학하셨습니다. 졸업 후 대구에 있는 치과 병원에서 치기공사로 일하시면서 조금씩 삶의 안정을 찾을 수 있었습니다. 서울에 올라갈 기회를 얻어 세브란스병원, 서울대학교병원 등에서도 일할 수 있었고 한때 치기공협회 회장도 역임하셨습니다. 힘겨운 어린 시절을 이겨내고 자수성가하는 모습을 몸소 보여 주신 것입니다.

일하면서도 아버지는 틈틈이 할아버지 형제의 독립운동 자료를 찾기 위해 상해를 여러 번 오가셨습니다. 1922년 큰할아버지에게는 애국장이, 할아버지에게는 애족장이 각각 추서되었습니다. 충청북도 옥천 마암리에 세워져 있는 독립 유공자 탑에는 증조할아버지와 두 아들인 큰할아버지와 할아버지 세 분의 이름이 새겨져 있습니다. 아버지가 약주라도 한 잔 드시는 날이면 '곽씨 가문의 긍지를 가지고 살아야 한다', '독립운동가 집안의 긍지를 가져야 한다'는 말씀을 빼놓지 않으신 이유입니다.

딸의 희귀병에도 감사한 것은

아버지가 병원에서 일하셨기 때문에 어린 시절 저는 남부럽지 않은 평탄한 생활을 할 수 있었습니다. 1970년대에 이미 승용차도 있었고 가전제품도 다 갖출 만큼 유복하게 살았습니다. 당시 아버지가 연고도 없는 수원에 빌딩을 구입하면서 1998년 우리 가족은 자연스레 수원에 터를 잡고 살게 되었습니다. 경제적으로 풍족한 환경이었긴 하지만 치기공사인 아버지는 아들인 제가 치과 의사가 되기를 원하셨습니다. 여러 번 도전에도 실패하면서 저 역시 아버지의 뒤를 이어 치기공과를 졸업했습니다. 한동안 치기공사로 일하다가 현재는 요양 보호사로 일하고 있습니다.

자라오면서 독립 유공자 후손이라는 자부심도 컸고, 유복자로 태어나 모진 환경 속에서도 자수성가하신 부친도 존경스러웠습니다. 그들의 영광을 이어 가고 싶었는데 저의 결혼 생활은 그리 평탄하지 않았습니다. 일찍 결혼하였지만 얼마 되지 않아 이혼하고 말았습니다. 두 자녀를 혼자 키워 아들을 결혼시키고 나자 언제부터인가 딸이 아프기 시작했습니다. 근육이 약해지는 희귀병이었습니다. 발병 후 딸은 병원 생활을 계속

할 수밖에 없었기에 지금까지도 누군가의 지속적인 돌봄이 필요한 상황입니다. 그래서 지금은 이혼한 아내와 딸이 함께 살고 있습니다.

2013년 자격증을 딴 이후 지금까지 10년 이상 병원에서 요양 보호사로 일하고 있습니다. 제가 간병하는 환우는 모두 남성입니다. 때로는 몸무게가 80kg이 넘는 환우를 만나기도 합니다. 하루에 몇 번씩 휠체어에 옮기는 일을 해야 하는데 그럴 때면 너무 힘이 듭니다. 늘 요통을 달고 사는 것도 이 일을 시작하면서부터입니다. 그럼에도 저는 제가 속해 있는 간병인협회의 앱이 울리기만 기다립니다. 협회를 통해 간병이 성사되면 지역에 관계없이 며칠이라도 일하러 가고 있습니다.

여전히 정기적으로 병원을 다녀야 하기에 요양 보호사로 번 돈은 딸의 병원비로 모두 나갑니다. 일이 힘들지만 이렇게라도 일해서 딸의 병원비를 충당할 수 있어서 감사합니다. 만일 독립 유공자 연금이 없었다면 딸의 병원비와 생활비를 감당하지 못했을 것입니다. 독립 유공자 연금이 고마울 수밖에 없습니다.

바쁘고 힘든 와중에도 주일 예배를 꼭 지킵니다. 예배를 드릴 때마다 하나님에게 감사의 기도를 빼놓지 않습니다. 이 사회에서 독립 유공자의 후손으로 인정받고 살아가면서 이렇게 일할 수 있게 해 주셔서 감사합니다. 낙심의 시간을 걸어갈 때면 훌륭한 할아버지와 아버지의 자손이라는 사실은 나를 지탱해 주는 힘이 됩니다. 나라를 위해 청춘과 목숨을 내어 놓은 인생, 포기하고 싶은 모진 환경에 주눅들지 않고 이겨 낸 인생, 두 분의 후손으로 살게 하신 것도 감사합니다.

독립운동가 곽중선郭重善 애국지사 (1907-1935)

충청북도 옥천 태생이다. 서울 만국성서연구회에서 성서를 보급하는 일에 종사하며 선교 관련 사역을 하던 친형 곽중규 애국지사가 상해로 떠나 대한민국 임시정부 임시 의정원 의원으로 일하게 된다. 상해에 자리를 잡은 친형의 요청으로 곽중선 애국지사 역시 14세의 나이에 상해로 떠난다. 상해에서는 병인 의용대 소속으로 상해 일본 총영사관에 두 차례나 폭탄을 투척하는 전방 행동대원으로 활동한다. 한때는 상해에 자리하던 영국 전차 회사에서 근무하기도 한다. 곽중규 열사가 신의주 형무소에서 2년 6개월 동안 옥고를 치를 때 비밀리에 연락을 취하며 형님 가족들을 돌본다. 그러던 중 1935년 9월 일본 경찰의 권총에 저격을 당해 복부 관통 총상을 입고 28세에 순국한다. 1992년 건국 훈장 애족장이 추서되어 대전 현충원에 잠들어 있다.

빈곤에도
꺾이지 않은
조부를 향한 존경심

곽영달 독립운동가 곽재기 애국지사의 손자녀

조선 총독부 폭파를 준비하시며

"3·1운동 이래로 조선 독립운동을 입과 붓으로 구한 이들은 많지만 피로써 구한 사람은 없었다."

당신의 말씀에 책임지려는 의미로 할아버지는 무기를 들기로 결심하신 것입니다. 실제로 직접 폭탄을 만들어 독립운동에 사용하시려는 결단도 하셨습니다. 당시 조선의 상황에서 군함이나 대포는 생각조차 할 수 없었기 때문에 일본의 주요 기관을 무너뜨리기 위해서는 폭탄을 직접 제조하는 수밖에 없겠다고 판단하신 것 같습니다.

이런 이야기를 들으면서 할아버지에 대해 깊은 인상을 받긴 했지만, 할아버지를 한 번도 뵌 적은 없습니다. 독립운동가였다는 사실도 뒤늦게서야 알게 되었습니다. 할아버지에 관해 조금씩 알게 된 것은 아버지로부터 들은 이야기, 책이나 잡지 등을 통해서입니다. 할아버지의 독립운동에 관한 이야기를 처음 접했을 때는 과격하시다고만 생각했습니다. 그러나 점차 그 순수한 마음이 헤아려졌습니다. 오직 나라를 되찾고 싶어 하던 순전함, 그래서 절박했을 그 마음이 이해가 되었습니다.

할아버지는 1919년 김원봉 애국지사와 함께 의열단을 조직하고 부단장으로 활동하셨습니다. 이듬해인 1920년에는 상하이로 건너가 폭탄과 총기 제조에 필요한 재료를 구입하셔서 제조법을 익힌 뒤 여러 개의 폭탄을 가지고 귀국하셨습니다. 서울 중심부에 위치하던 조선 총독부와 동양 척식 주식회사를 폭파하기 위한 것이었습니다. 그 계획을 실현하기 위해 동지들과 함께 서울 인사동에서 유숙하며 철저히 준비하셨습니다. 그러나 몇 개월이 지나서 안타깝게도 일본 경찰에 체포되면서 계획이 무산되고 말았습니다.

할아버지는 곧바로 징역 8년형을 선고받고 옥살이를 시작하셨습니다. 약 6년 동안 복역하던 중에 감형을 받게 되어 1927년 출옥하셨습니다. 이후에도 할아버지의 삶은 그리 평탄하지 못했습니다. 일제의 감시를 피해 다니는 신세였기 때문입니다. 1930년 조국을 떠나 다시 중국으로 건너가 각지에서 항일 독립운동을 전개하셨고, 광복 이후에는 귀국하여 한국에스페란토어학회를 운영하며 조용한 여생을 보내시다가 1952년에 돌아가셨습니다.

우유 가루, 알랑미, 꿀꿀이죽으로

할아버지의 독립운동은 분명 위대한 일이었습니다. 하지만 그로 인해 남겨진 가족들은 끊임없는 가난과 고통의 길을 걸어야 했습니다. 독립운동가의 아들로서 아버지는 일본 경찰과 친일 앞잡이들의 철통 같은 감시를 받으며 살아야 했습니다. 아버지가 몸을 피하려고 할머니의 고향인 전의를 찾아가 도움을 요청하셨을 때 친척들조차 엮이기 싫어 외면할 정도였습니다. 어린 시절부터 끝없이 이어진 고생 길을 오롯이 감당하셔야 했습니다.

6.25 전쟁 당시 인천에 살고 있던 우리 가족들은 수인선을 따라 천안

으로 피난을 갔습니다. 지금은 아파트 단지가 들어선 꽤 큰 중소도시이지만 그 당시 천안 송정동은 허허벌판에 집 한 채 덩그러니 놓여 있던 시골이었습니다. 제가 네 살 때였습니다. 어머니와 동생과 제가 피난길에 올라 천안에 도착해 머문 곳은 방 한 칸짜리 오두막집이었습니다. 그곳에서의 생활이 너무 어려웠습니다. 어머니는 저와 막내를 데리고 산으로 솔방울을 따러 다니셨고 그것을 팔아 생계를 이어 가셨습니다. 개떡 같은 것을 하나 싸 가지고 가서 점심을 대신했지만 어머니는 굶기를 밥 먹듯 하셨습니다.

아버지는 교통 공무원이셨기 때문에 서울이 함락되자 교통청이 부산으로 이전하면서 큰형님만 데리고 부산으로 내려가셨습니다. 그때 큰형님은 용산중학교를 졸업한 상태였습니다. 서울이 수복된 후에는 떨어져 지내던 가족이 서울 용산에 다시 모여 살게 되었습니다. 천안에서 용산역까지 기차를 탄 것은 맞지만 사람이 탈 수 없는 화물 열차를 타고 와야만 했습니다. 천안에서 오두막집에 살다가 서울 관사에서 살게 되니 좋았습니다. 좁았지만 그래도 정말 좋았습니다. 관사 근처에는 미8군 놀이터가 있어서 우리가 뛰어놀기에 좋았고 다른 여러 환경들도 그나마 나아졌습니다. 그렇다고 가정 살림이 나아진 것은 아니었습니다. 아버지가 교통 공무원으로 일하시긴 하셨지만 여전히 살림살이가 힘들었습니다.

큰형님은 항상 말이 없고 부모님에게 절대 순종하는 묵묵한 성격이었습니다. 천안에서 농사를 크게 짓고 있던 외삼촌 댁에 가서 열무를 가져오라는 어머니의 말씀에 큰형님은 어린 나이에도 천안까지 가서 열무 한 포대를 매고 돌아오는 것을 여러 번 보았습니다. 큰형님이 가져온 열무를 어머니가 집 인근에 있던 용산 시장에 내다 팔아 살림에 보태곤 했습니다. 또 어머니는 일제 시대 관사 건물에서 나온 중고 벽돌을 깨서 재활용 가능한 상태로 만들어 팔기도 했습니다. 그런 어머니를 따라 저도 어릴 적부터 생계를 돕곤 했습니다. 그 시절에는 이웃들도 대부분 그렇게 힘겹게 살아가고 있었기 때문에 다들 그렇게 사는 줄 알았습니다.

학교를 가려면 용산 굴다리를 지나야 했는데, 장마철이면 물 반 인분 반으로 악취가 진동해 지나다니기가 여간 힘든 게 아니었습니다. 신발은 늘 고무신이었고 도시락을 제대로 싸 간 적이 거의 없었습니다. 그나마 도시락을 싸 간 날이라도 반찬은 된장이 전부였습니다. 미군 부대에서 우유 가루를 배급하는 날이면 너도나도 얼굴이 하얗게 변하곤 했습니다. 밥 대신 먹은 우유 가루가 모든 아이들의 얼굴을 새하얗게 만들어 놓는 것입니다. 여러 날 동안 두고 먹으려고 우유 가루를 쪄서 보관하곤 했는데, 찌면 딱딱하게 굳어 돌덩이처럼 된 것을 빨아먹으며 허기를 달래기도 했습니다. 너무 많이 먹고 배탈이 나 설사한 기억도 있습니다.

동남아 일대에서 생산되는 일명 '알랑미'라 불리는 안남미^{安南米}를 성적순에 따라 배급을 받기도 했습니다. 입으로 불면 훅 날아갈 정도로 찰기가 없는 그 쌀이라도 집에 가지고 가면 어머니는 그것을 두고두고 드셨습니다. 그 와중에도 어머니 입에 음식이 들어가는 것을 거의 보지 못했습니다. 물론, 학교 친구들도 대부분 비슷한 형편이었지만 우리 집은 극도로 더 어려웠습니다. 항상 배가 고프다 보니 손님이 오면 얼굴보다 손을 먼저 보고 뭘 가지고 오지 않았나 살폈던 기억이 납니다.

하루는 누군가가 케이크를 집에 두고 가는 것이었습니다. 어머니는 설레는 마음으로 케이크를 받아 들고 아버지가 오시기만을 기다렸습니다. 그러나 아버지는 케이크를 보자마자 어머니에게 '왜 이런 것을 받았느냐'며 호통을 치시며 다시 돌려주라고 하셨습니다. 아버지에게 일을 청탁하기 위한 일종의 뇌물이었던 모양입니다. 아버지는 늘 철저한 정직과 절제를 가르치시며 아무것이나 받아서는 안 된다고 강조하셨습니다. 어머니는 눈물을 머금고 케이크를 다시 돌려주러 가셨고 다녀와서도 눈물을 흘리셨습니다.

중학교 시절에 친구들과 함께 중앙대학교 부속 병원 근처에 있는 식당에서 '꿀꿀이죽'을 먹고는 돈이 없어 도망쳤던 기억이 생생합니다. 미 8군에서 나온 음식물 쓰레기를 끓여 만든 것인데 지금의 부대찌개와 맛이 비슷합니다. 그날 도망치던 중에 신발이 벗겨져 잃어 버린 채 귀가한 탓에 어머니에게 크게 혼이 났습니다. 고등학교 시절에도 돈이 없기는 마찬가지였습니다. 학교에서 가는 소풍이나 수학여행은 생각조차 못했고 친구들하고 어울려 영화를 보러 갈 여유도 없었습니다. 한창 외모에 관심을 갖게 되는 그 나이 즈음에 발목까지 오는 농구화가 유행이었는데, 그 신발을 사 신지 못한 것을 아직까지 기억하는 것을 보면 당시의 내 심정이 어떠했는지 이해하게 됩니다.

부모님 사후 중동에서 건설 노동자로

큰형님은 공부를 잘했습니다. 엿무를 파는 중에도 손에서 책을 놓지 않았고 틈만 나면 책상에 앉아 공부했습니다. 누워서 자는 모습을 거의 못 봤던 것 같고 잠도 책상에서 엎드려 잘 정도였습니다. 결국 서울대학교에 입학해서 부모님과 가정에 큰 기쁨을 안겨 주었습니다.

"할아버지 얼굴에 먹칠해서는 안 된다."

아버지가 입버릇처럼 늘 하시던 말씀입니다. 그 말씀의 의미를 실감 나게 느끼게 된 계기가 있었습니다. 중학교를 다닐 때 어느 날 선생님이 교무실로 부르시더니 할아버지가 독립 유공자라고 말씀하시며 앞으로 육성회비를 내지 않아도 된다고 하셨습니다. 덧붙여 말씀하시기를 오히려 5백 원을 지원받게 되었다고 하셨습니다. 당시 5백 원이면 빵집에서 친구들 여러 명이 실컷 먹고도 남을 만큼 큰돈이었습니다.

고등학교에 다니던 중에 용산에 있던 집을 팔고 부곡으로 이사하게 되었습니다. 시골로 가야 한다는 현실이 싫었지만 어쩔 수 없는 선택이었습니다. 그래도 부곡에서는 비교적 큰 집을 마련할 수 있어서 방을 막아 세도 놓을 수 있었습니다. 새로운 곳에 잘 정착하는가 싶었는데 어느 날 어머니가 위장 장애를 호소하셨고 수원 후생원 내과에서 검사 결과 위암 판정을 받았습니다. 이미 암이 너무 진행되어 치료가 어려운 상태였기에 손을 써 볼 여력도 없이 어머니가 세상을 떠나셨습니다.

어머니를 여의고 어렵게 고등학교를 마친 후 돈을 벌기 위해 철도청 임시직으로 일하게 되었습니다. 이후 입대해서 군 복무 중에 높은 경쟁률을 뚫고 월남 파병 용사로 갈 수 있었습니다. 그때 다낭과 호이안에서

2년간 복무하며 70만 원을 모았습니다. 당시 부곡에 집 한 채를 살 수 있을 만큼 큰돈이었습니다. 이후 동아건설에서 측량 보조 일을 하며 자격증도 따고 현장 경험도 쌓았습니다. 하지만 인천 연안 부두와 백양사 입구 댐 공사 현장에서 일하던 중 유류 파동이 발생해 실직했으며 그 무렵에 아버지마저 돌아가셨습니다.

부모님을 모두 잃고 살 길이 막막해진 무렵 부곡에서 지금의 아내를 만나 결혼하고 장사를 시작했지만 실패하고 말았습니다. 아내와 상의한 끝에 중동 건설 노동자로 나가기로 하고, 그렇게 사우디아라비아의 페르시아만 방파제 건설 현장에서 3년간 근무하게 되었습니다. 중동에서 보낸 월급을 장모님이 한 푼도 쓰지 않고 저축해 두신 덕분에 귀국하자마자 연립 주택을 구입할 수 있었습니다. 그러나 귀국 후에는 일거리가 마땅치 않아 아내가 공장에 나가기 시작했고, 저는 보험 설계사, 덤프트럭 운전 등 이런저런 다양한 일을 찾아 하며 지냈습니다. 그러던 중에 어느 투자자가 1억 원에 집을 구입하겠다고 제안해 와서 집을 매매하여 아들의 결혼을 도와줄 수 있었습니다. 이후 수원 송죽동으로 이사해 현재까지 살고 있습니다.

지난한 인생이었습니다. 인생의 끝자락에 이르러서야 왜 이렇게 고

생스러운 삶을 살아야 했는지 곰곰이 생각해 보게 됩니다. 할아버지로부터 이어진 가난이 아버지를 거쳐 저에게까지 고스란히 대물림된 것은 분명한 사실입니다. 그로 인해 아버지도 저도 많이 고통스러웠던 것도 사실입니다. 가난을 반길 이는 아무도 없겠지만 그럼에도 저는 할아버지가 정말 자랑스럽습니다. 나라를 위해 모든 것을, 아니 인생 자체를 바치셨으니 위대하다고 표현하게 됩니다. 가난의 고통 속에서도 꺾이지 않은 할아버지에 대한 저의 존경심입니다.

대전국립묘지로 이장할 때 할아버지가 얼마나 위대한 분인지를 한번 더 목도할 수 있었습니다. 사실 할아버지의 성함은 오랫동안 세상에 알려지지 않았습니다. 2000년대에 들어서서야 할아버지에 관한 자료들이 하나둘씩 발굴되자, 고향인 충청북도 청주시 청원에서도 독립운동가를 배출한 마을로서의 명예를 되찾고자 노력이 이어졌습니다. 이제라도 할아버지를 기억해 내고 그 삶을 세상에 알리고 조명할 수 있음에 감사합니다.

독립운동가 곽재기郭在驥 애국지사 (1893-1952)

충북 청주 출신으로 3·1운동 이후 중국으로 망명해 독립운동에 뛰어든다. 신흥무관학교에서 군사 훈련을 받은 후 김원봉 애국지사가 조직한 의열단에 참여해 부단장으로 활약하며 항일 무장 투쟁을 이끈다. 일본의 주요 기관을 대상으로 한 폭탄 투척과 암살 시도 등 의열 투쟁을 주도하고, 이후 대한민국 임시 정부 군무부에서도 활동하며 독립군 조직과 전략 수립에 기여한다. 여러 차례 체포와 고문을 당하나 끝까지 투쟁하다가 1952년 생을 마감한다. 그 공훈을 기려 1990년 건국 훈장 애국장이 추서된다.

부산, 해주, 평택, 결국 고아원까지!

박수해 독립운동가 박옥동 애국지사의 아들

밤에 귀가해서 새벽에 떠나시던

부산에서 독립운동을 하신 아버지는 친일 세력에게 쫓기는 게 일상이었습니다. 도망자 생활을 견디다 못해 결국 부산에서 멀고도 먼 황해도 해주로 이사하게 되었습니다. 형과 누나는 부산 태생이지만 제가 태어난 곳은 그곳 해주가 된 이유입니다. 황해도에서도 우리 집은 독립운동가들의 아지트였습니다. 'ㄱ' 구조의 주택은 곳곳에 비밀 공간을 갖추고 있었는데다 아버지의 동지들이 서슴없이 드나들고 있었기 때문에 누가

봐도 독립운동가들의 근거지였습니다. 부엌으로 가려면 집 뒤로 돌아가게 되는데 그곳 바닥에는 커다란 독 2개가 묻혀 있었습니다. 어느 날엔가 부엌에 먹을 것을 찾으러 들어가는 순간 갑자기 부엌 뒤편에서 어른이 불쑥 튀어나오는 것이었습니다. 땅에 묻어 둔 독에 숨어 있다가 뛰쳐나온 것 같았습니다. 어린 나이에 얼마나 놀랐는지요! 그분이 누구인지 구체적으로 알 수는 없었지만 아버지와 함께 독립운동을 하시던 분이라고 짐작할 수 있었습니다.

부산을 떠나오면서 친일 세력의 괴롭힘으로부터는 안전해졌지만 아버지는 여전히 독립운동에 열중하시며 우리 식구들을 불안하게 하셨습니다. 독립운동가들은 전국 단위의 네트워크로 연결되어 있었기 때문에 황해도 해주에서도 아버지를 찾는 사람이 많았습니다. 당연히 집을 비우시기 일쑤였습니다. 세상이 잠든 깊은 밤, 아버지가 고요하게 귀가하실 때면 집안이 왠지 더 조용해졌습니다. 귀가 후에도 밤을 지새우시고 새벽녘이면 또 어디론가 사라지셨습니다.

가정을 돌봐야 하는 가장이 늘 집에 없었고, 또 누군가와 신호를 주고받으며 나가곤 하셨습니다. 근처에 사신 할머니는 늘 큰아들 걱정에 눈물이 마를 날이 없었습니다. 아들이 교도소를 드나들거나 사람들의 눈을 피해 살았으니 할머니의 마음이 오죽했을까 싶습니다. 늘 아들 걱정에 평생을 마음 졸이며 사셨습니다. 아버지 대신 가장이 된 어머니는 해주에서 가게를 운영했습니다. 형님과 누님도 어릴 적부터 생활 전선에 뛰어들어 무슨 일이든 해야 했습니다. 가족 모두 열심히 일을 해야 5남매 입에 겨우 풀칠하며 살 수 있었기 때문입니다.

고아원을 거쳐 벽돌공이 되어

해방을 맞아 우리 가족은 아버지의 고향인 경기도 안성 근처 평택을 터전으로 삼게 되었습니다. 아마 제가 6세 정도쯤이었던 것 같습니다. 아버지는 독립운동에는 열심이셨지만 사회생활이나 가정을 돌보는 데는 한계가 있었습니다. 황해도 해주에서 너무 오래 살았다 보니 평택 일대가 아버지의 고향이라 하더라도 이미 낯선 곳이 되어 힘든 시기를 보낼 수밖에 없었습니다. 평택에 이사 온 지 3년 만에 아버지가 돌아가셨습니다. 아버지를 먼저 보낸 어머니는 식음을 전폐하고 늘 누워만 계셨습니다. 얼마 안 되어 어머니마저 세상을 떠나셨습니다.

갑작스럽게 부모님을 잃은 우리 형제들은 고아 신세가 되어 함께 고아원에 갈 수밖에 없었습니다. 제가 고아원에 들어간 지 3개월쯤 되었을 때 작은아버지가 찾아오셨습니다. 작은아버지 댁에서 일하면서 지내라는 것이었습니다. 그 길로 고아원을 나와 한동안 작은아버지 댁에서 일했습니다. 어린 나이에 너무 힘들었습니다. 한참이 지나자 작은아버지가 미웠습니다.

큰형은 공부할 기회를 얻어 열심히 노력한 끝에 안성에 있는 초등학교 교사로 일할 수 있었습니다. 작은형은 서울 이태원에 자리를 잡게 되어 작은형을 따라 갑작스럽게 서울 생활을 시작하게 되었습니다. 학교 다닐 기회를 놓친 탓에 서울에서 번듯한 직장에 취직할 기회가 별로 없었습니다. 처음에는 빵 공장에서 일을 시작했지만 여자들 틈에서 일하기가 힘이 들어 퇴사하고 말았습니다. 일명 '노가다'라 불리는 막노동밖에 할 게 없었습니다. 그때 시작한 것이 벽돌을 쌓는 일이었습니다. 벽돌공으로 나름 감각이 있었는지 저를 찾는 사람이 점점 많아졌습니다. 자연스레 소위 잘나가는 전문 벽돌공이 되어 미군 부대가 있는 동두천과 연천 등에서도 일할 수 있었습니다. 경력이 쌓이자 작업반장도 하면서 경제적으로 조금씩 나아졌습니다.

당시 우리나라 건설 노동자들이 중동으로 일하러 가는 붐이 일었던 시기로 저 역시 일자리가 있다는 소식에 사우디아라비아에 가게 되었습니다. 1년 정도 일하던 중에 큰 사고를 당하게 되었는데, 대형 버스 뒷쪽에 부딪치는 교통사고였습니다. 그때부터 아팠던 허리가 도졌습니다. 외국인 회사였기 때문에 보상금을 많이 받긴 했습니다. 당시에 집 한 채가 1백만 원이었는데 거의 4백만 원 정도의 큰돈을 보상금으로 받게 되었습니다. 그때 그 돈으로 집이나 땅을 사 놓지 못한 게 지금까지 한이 됩니다. 제게 큰돈이 있다는 소식이 주변에 알려지면서 건달 같은 친구들이 접근하기 시작했습니다. 순수한 마음으로 찾아간 도박판에서 속임수에 속아 그 많은 돈을 모두 날려 버렸습니다. 아내에게 사실대로 말하지도 못하고 아픈 몸을 이끌고 어렵고 힘든 시간을 보내게 되었습니다.

빈곤과 척박을 이기며 체득한

'여느 아버지들처럼 우리 아버지도 가정을 먼저 생각하는 평범한 가장으로 사셨다면 우리 가족들이 좀 더 평안하게 살 수 있었을 텐데!'

안타까움에 늘 생각해 보던 바람입니다. 평생 독립운동가로 사신 아버지로 인해 우리 가정은 가시밭길을 걸을 수밖에 없었습니다. 너무 힘들어 하소연할 때마저 없을 때면 아버지에 대한 원망도 나왔지만 본심은 안타까움이었고 그리움이었습니다. 당시 상황에서는 아버지의 뜻이 최선이었을 줄 압니다.

아버지가 가신 길이 진심으로 존경스럽게 여겨진 때가 사실 얼마 되지 않습니다. 나이가 들어도 철이 늦게 들어서입니다. 한 번 뿐인 인생에 의미 있는 일을 하며 산다는 것은 참으로 고귀합니다. 그러니 아버지는 고귀한 길을 가신 게 틀림없습니다. 지난 날을 돌아보니 그런 아버지가 몹시 그립습니다. 우리 형제들을 살리기 위해 애쓰신 어머니도 많이 보고 싶습니다. 곁에 두지 못하는 아들을 떠올리며 눈물 흘리신 할머니의 마음도 헤아려 봅니다. 지치고 힘든 인생의 여정을 거쳐 지금까지도 제가 삶을 영위할 수 있는 것은 모두 그들 덕분이라는 것을 새삼 깨닫습니다. 아버지의 아들로 살면서 자연스레 체득한 삶의 열정과 강한 생존 의지로 빈곤하고 척박한 환경을 이겨 냈다고 생각하니 참 감사합니다.

독립운동가 **박옥동**朴玉童 애국지사 (1900-1949)

경기도 안성 출신이다. 안성 양상면과 원곡면에서 일어난 1919년 3.1 운동 독립 만세 시위에 동참한다. 처음에는 1천여 명의 군중이 모여들었다가 시간이 지날수록 2천여 명으로 늘어난 대규모 시위이다. 여느 시위자들처럼 박옥동 열사 또한 일본인이 경영하는 상점, 사무소, 일본인 주택 등을 불태우고 파괴한다. 새벽까지 격렬하게 전개된 만세 운동 중에 체포되어 징역 2년을 선고받은 후 옥고를 치른다. 1990년 건국 훈장 애족장이 추서되고 대전 현충원에 묻힌다.

172 셋_ 감사합니다

눈 뜨면 이사하던 설움, 그래도 그보다 크신 아버지

선우엽 독립운동가 선우진 애국지사의 아들

김구 선생과 함께인 아버지를 교과서에서 마주하고

국민학교 4학년 즈음으로 기억합니다. 새학기를 앞두고 사회 교과서를 받았는데 교과서에 나온 아버지 사진을 보고 깜짝 놀랐습니다. 1948년 4월 19일에 촬영된 사진 속 아버지는 김구 선생님과 함께 계셨습니다. 그제야 아버지가 독립 유공자라는 사실을 알게 되었습니다. 어째서 아버지 사진이 교과서에 실린 일인지 어안이 벙벙한 채로 교과서를 자세하게 읽어 내려갔습니다. 남한의 단독 정부 수립을 막고자 북한과 협

상하기 위해 김구 선생님이 개인 신분으로 38선을 넘어 가던 날 38선에서 찍은 사진이었습니다. 당시 김구 선생님은 성명을 내면서 조국의 완전한 통일이라는 염원을 가지고 당시 북한의 김일성을 만난 것입니다. 그 역사적인 현장에 계시던 아버지의 얼굴을 교과서에 실린 사진을 통해 처음 알게 되었습니다.

   기억 속의 아버지는 늘 도망다니시던 분입니다. 중학교에 입학했을 때쯤 집으로 들어오시기는 했지만 전형적인 가부장적 성격인데다 오랜 도피 생활로 함께 한 시간이 별로 없었기에 그 간격을 줄이기가 어려웠습니다. 그나마 제가 다른 형제들보다 아버지와 대화를 많이 하고 다른 식구들과 아버지 사이 통로 역할을 했음에도, 아버지의 본 모습을 교과서를 통해 알게 된 것입니다.

   그렇다고 아버지의 부재나 다정다감하지 않음을 마음에 두고 스스로를 연민할 정도는 아니었습니다. 그런 개념을 떠올릴 만한 여력이나 겨를이 없을 정도로 먹고 살기가 너무 힘들었기 때문입니다. 그때는 누구나 저처럼 사는 줄로만 알았습니다.

27세 청년으로 73세 김구 선생을 보좌한

저희 집안은 평안북도 정주가 고향입니다. 아버지는 16세 때 한의사인 할아버지의 권유로 만주로 떠나게 되었습니다. 고향 땅이 불안하니 당시 만주에 있던 삼촌^{독립운동가 선우기 애국지사}한테 가서 삼촌이 하는 일을 도우며 함께 있으면 좋겠다고 하셨답니다. 그렇게 떠난 길이 그리 먼 길이 될 줄을 모르셨던 것입니다. 아버지가 만주 신경대학교를 졸업하시자 1940년에 대한민국 임시 정부가 상해에서 중경으로 옮겨가면서 한국광복군이 창설되었습니다. 그때 아버지는 한국광복군 제3지대에 지원 입대하게 되었습니다. 처음에는 분대장 보직을 담당하다가 1944년 육군군관학교 부설 한국광복군 간부 훈련반에서 군사 교육을 받게 되었습니다. 이후 정훈 장교 보직을 받아 활동하면서 이듬해인 1945년 1월 대한민국 임시 정부를 이끌던 김구 선생님을 만나 서거하실 때까지 약 5년을 보좌하셨습니다. 그때 김구 선생님은 73세, 아버지는 27세였습니다. 아버지는 김구 선생님을 모시면서 부족한 자신이 하늘 같은 어르신을 섬길 수 있다는 사실을 얼마나 영광스럽게 여기셨는지요! 젊은 나이에 독립운동에 적극적으로 동참하셔서 김구 선생님까지 극진히 모시게 된 것을 보면 아버지의 총기를 이해하게 됩니다. 특히 정훈 장교 시절 아버지는 언어 습득 능력이 상당히 뛰어나셨습니다. 당시 러시아어와 중국어를 동시통역하는 수준이었습니다. 게다가 목소리가 좋아 발화력도 뛰어났다고 합니다. 덕분에 이곳저곳 자신이 필요한 곳에 불려다니시며 청년 시절 쉴 틈 없이 분주한 하루하루를 보내셨습니다. 모두 제가 태어나기도 훨씬 전의 일들입니다.

이사하고 이사하고 이사하던

조국과 동지들에게 후한 마음을 다 쏟아 부은 탓인지, 아버지에게 가족은 늘 후순위였던 것 같습니다. 그로 인해 어머니와 식구들은 수많은 가시밭길을 걸을 수밖에 없었습니다. 1945년 광복의 기쁨과 함께 대한민국 임시 정부가 해산되면서 많은 동지들도 곳곳으로 흩어지게 되었습니다. 그해 11월 김구 선생님 또한 임시 정부 요원들과 함께 대한민국으로 환국하게 되었습니다. 그 후 아버지는 대한민국 임시 정부의 마지막 청사인 경교장에서 김구 선생님의 건강을 관리하시던 어머니를 만나게 되었습니다. 어머니는 김구 선생님을 헌신적으로 돌보시다가 그분의 보좌관인 아버지를 사랑하시게 되어 쉽지 않은 시기에 결혼하셨습니다. 1949년 6월 26일 김구 선생님은 안두희에 의해 그곳에서 암살되고, 이듬해인 1950년 민족적 비극인 6.25 전쟁이 발발했습니다.

전쟁이 터지기 이틀 전인 6월 23일에 쌍둥이 누나가 태어났습니다. 당장 피난을 갈 상황이 안 되어 전쟁의 공포를 그대로 느끼며 살아갈 수밖에 없었습니다. 김구 선생님이 돌아가신 충격으로 간호사를 그만둔 어머니는 평생 육남매를 혼자 키우셨습니다. 언제 어떻게 될지 모르는 상황 속에서 우리 가족에게는 변변한 집마저 없었습니다. 당장 먹고 사는 문제부터 크고 작은 어려움의 현실을 모조리 받아들이며 살아야 했습니다. 산 하나 넘고 나면 또 다른 산과 마주하는 삶의 연속이었습니다.

힘들 때마다 아버지는 어디론가 사라지셨습니다. 이념적으로나 정치적으로 혼란이 이어졌고 친일 세력이 득세하면서 아버지는 도망자로 사셨던 것입니다. 나라의 광복을 위해 청춘을 바친 공로를 인정받기는커녕 숨는 신세가 된 것입니다. 그러던 중 거제도 포로수용소에서 통역하고 있다는 소식을 듣게 되었습니다. 몹시 살기 어려웠던 저희 가족은 아버지가 계신 곳으로 가기 위해 평택항에서 배를 겨우 얻어 타고 부산으로 떠나게 되었습니다. 그것도 잠시 다시 부산에서 서울로 이사를 갔습니다. 우리 가족이 겪은 어려움 중 가장 혹독했던 것이 집이 없다는 것이었습니다. 가족 모두 한곳에 정착해 살지 못하고 끊임없이 이사를 다녀야 했습니다. 다시 서울 모래네에 이사 온 후 어머니가 양계장을 운영하시던 중 조류 독감이 돌면서 닭이 전부 폐사하고 말았습니다. 생계를 해결하느라 동교동으로 이사를 갔다가 다시 수원으로 가게 되었습니다. 수원 비행장 내 식당 자리가 생겼다는 소식을 듣고서입니다. 그곳에서 하사관 식당을 운영하셨는데 그럭저럭 잘 되는 것 같았습니다. 언젠가부터 식당의 집기들이 하나씩 없어지기도 했고, 어머니 혼자 식당을 운영하기에도 힘에 부쳐 결국 3년 정도 지나 문을 닫았습니다.

다시 동교동으로 이사를 했지만 빚이 많아지면서 또다시 연희동으로 갈 수밖에 없었습니다. 연희동에서는 집 지을 기회가 왔는가 싶었는데 그로 인해 오히려 빚이 눈덩이처럼 불어나면서 다시 연희동 꼭대기 산동네로 이사를 해야 했습니다. 이유가 있었던 것 같습니다. 그곳에서 난생 처음으로 교회에 가게 되었기 때문입니다. 교회에서의 신앙생활은 어머니에게 큰 위안이 되었던 것 같습니다. 그때 만난 전도사님이 우리 가정의 어려운 형편을 도우려고 많은 관심을 가져 주셨습니다. 당시 연희동에는 미군이 사는 동네와 외국인학교가 따로 있었는데, 전도사님이 가끔 그 동네에서 미제 식료품을 사 주시기도 하고 어머니에게 일자리를 소개해 주시기도 하셨습니다. 물론 그때에도 아버지는 도망자 신세를 면치 못하셨습니다.

한번은 어머니가 쌀을 사 오라고 심부름을 보내셨습니다. 가로등이 없던 시절이었기에 해가 지면 동네가 칠흑 같았습니다. 어둠을 뚫고 쌀 한 포대를 들고 집으로 가던 중에 돌부리에 걸려 그만 넘어지고 말았습니다. 쌀이 얼마나 귀한 시절이었습니까! 어린 마음에도 아까운 마음이 들어 벌벌 떨며 흙 안 묻은 쌀은 쌀 포대에, 흙 묻은 쌀은 러닝셔츠에 싸서 겨우 들고 온 적이 있습니다. 그날 어머니한테 엄청 혼난 기억이 있습니다. 지금에야 콩비지가 별미인 것이지 그 시절에는 콩비지를 지겹도록 먹었습니다. 콩비지에 물을 많이 넣고 끓이면 여러 식구가 먹을 수 있었으니 늘 부족한 밥을 대신해 주었습니다.

판자촌 방 한 칸에 일곱 식구가

그곳 산동네에서도 그리 오래 살지 못했습니다. 지인의 소개로 더 열악한 연희동 판자촌으로 이사를 하게 되었습니다. 곧 쓰러져도 이상할

갈 것 같지 않은 집이었습니다. 방은 두 개이지만 안방에는 이미 다른 사람이 살고 있었고, 우리 가족은 건넌방 한 칸에 일곱 식구가 살아야 했습니다. 부엌도 없이 아궁이만 딸린 방이다 보니 당장 밥을 해 먹기가 쉽지 않았습니다. 엄마와 누나들은 방에서 자고 우리 세 형제는 툇마루에서 잘 수밖에 없었습니다. 불편하긴 해도 그나마 여름에는 시원한 툇마루가 괜찮았지만 겨울이 되면 너무 추웠습니다. 바람막이 이불을 둘러도 한겨울 바깥 바람을 견디는 게 너무 큰 고통이었습니다. 겨우 솜이불을 한 장 깔고 자던 겨우살이가 지금 생각해도 끔찍합니다.

식구가 많다 보니 쌀 한 말로 3일을 넘기기가 어려웠습니다. 게다가 학교에 가져갈 도시락을 하루에 다섯 개씩 싸다 보면 쌀 한 가마니를 사도 한 달 겨우 먹곤 했습니다. 쌀을 가마니로 쌓아 놓고 먹는 것은 생각하기도 어려웠고 한 말 두 말도 겨우 사다가 먹고 살았습니다. 그마저도 금세 떨어질 때가 대부분이었습니다. 당연히 도시락을 못 싸갈 때가 많았습니다. 그런 날이면 어디에서 구해 오셨는지 어머니가 점심시간에 맞춰 도시락을 학교에 가지고 오시곤 했습니다. 아버지가 있는 가정도 어렵던 시절이었으니 우리 집은 먹고 사는 일 자체가 전쟁 같았습니다. 형과 누나들은 형편이 어려워 대학을 다닐 수가 없었습니다. 독립 유공자 자녀로 학교에서 육성회비 지원을 받은 것은 1970년이 넘어서입니다. 그 와중에도 아버지가 간밤에 다녀간 날이면 엄마 얼굴이 활짝 피곤했습니다. 그런 날은 어머니를 만나고 동트기 전 새벽에 조용히 사라지셨다는 의미입니다. 마치 드라마 속 장면과 똑같은 상황이었을 것입니다. 아버지가 주고 가신 생활비로 생필품을 사실 때면 그저 행복해 하시던 우리 어머니! 북에서 내려온 친척이래야 고모가 전부였습니다. 도움받을 사람이 없었기 때문에 힘든 삶을 고스란히 견뎌야만 했습니다.

한번은 어머니가 쌀을 사야 하니 돈을 좀 받아 오라고 해서 형님이 일하던 고무 공장에 다니러 간 기억도 납니다. 형님은 고등학교를 졸업하고 마포에 있는 고무 공장에 다녔습니다. 새벽에 출근해서 늦도록 일했지만 급여를 그리 많이 받지 못했습니다. 누님 두 분도 고등학교 졸업 후 바로 취업 전선에 뛰어들었습니다. 형제들 누구든 대학은 꿈도 못 꾸던 형편이었습니다. 제가 중학교 3학년 때입니다. 당시 저는 산수를 좋아하기도 했고 꽤 잘하기도 했습니다. 어느 날 친구 어머니가 친구에게 산수를 좀 가르쳐 주라고 하셔서 6개월 정도 그 친구 집에서 가정 교사로 지내게 되었습니다. 남의집살이가 다소 불편하긴 했지만 잠자리와 먹을 것이 해결되어 그리 싫지는 않았습니다.

아버지는 뒤늦게야 '귀가'하셔서

사회가 돌아가는 상황이 좋아졌는지 어느 날 아버지가 집으로 돌아오셨습니다. 하지만 사회생활이나 직장에 잘 적응하지 못하셨습니다. 오랫동안 사회와 동떨어져 지냈는데다 올곧은 성격이 오히려 문제였습니다. 한국전력 공채 1기로 합격하셨지만 몇 개월 채우지 못하고 그만두셨습니다. 조금이라도 불합리하고 부정하다 싶으면 그 상황을 참지 못하셨기 때문입니다. 언제나 가족보다 나라와 동지들이 우선이었습니다. 어머니가 반지의 행방을 묻기라도 하면 영락없이 어려운 동지를 돕는 데 보태지곤 했던 것입니다.

그런 기억들을 떠올려 보면, 시대적인 상황으로 보나 대쪽같은 성품으로 보나 아버지는 아버지에게 아주 적합한 일을 하셨다는 생각이 듭니다. 아버지의 나라 사랑은 그 누구도 말릴 수 없었습니다. 중경에서 대한민국으로 환국하신 후에는 오로지 김구 선생님의 생각과 혼을 담아 살려고 노력하시던 분입니다. 2002년 10월 백범김구기념관을 세울 때 김구 선생님에 대하여 아버지보다 잘 아는 분이 없었기에 기쁨으로 참여하셔서 의미 있는 기념관을 세우는 데 일조하셨습니다. 이후에도 오로지 백범김구선생기념사업협회에만 전념하셨습니다. 하늘의 부름을 받기 전에 자서전으로 <백범 선생과 함께 한 나날들>을 출판하고 싶어 하셨습니다. 그 책을 통해 독립 유공자 아버지의 파란만장한 인생이 더욱 널리 알려지게 되었습니다. 평생을 김구 선생님이 지닌 혼을 담아 사셨으며, 정치나 환경에 치우치지 않고 독립운동가로서의 자리를 한결같은 마음으로 지키셨습니다. '김구 선생님을 끝까지 지키지 못한 것이 평생의 한'이라는 유언을 남기실 정도로 자신이 이 땅에서 부여받았던 역할을 사랑하셨습니다.

아파트에 입주하고 스낵바를 운영하며

우리 가족에게도 아파트에 입주할 기회가 찾아 왔습니다. 서울 마포구 창전동의 와우아파트입니다. 빈민 가정인데다 식구 수도 많았기 때문에 여러 가지 입주 조건에 충족되었나 봅니다. 기대에 차서 기다리다 입주하기 한 달 전 상상할 수 없던 일이 벌어졌습니다. 와우아파트 붕괴 사고가 터진 것입니다. 청계천 일대의 판자촌을 정리하면서 마포 와우산에 시민 아파트로 계획된 곳인데 부실 공사로 난리가 난 것입니다. 이미 입주한 신혼부부를 비롯한 여러 가정이 목숨을 잃었습니다. 결국, 우리는 노고단 쪽에 새롭게 지은 아파트에 입주하게 되었습니다. 우리 가족이 살기에 턱없이 좁았지만 그간의 불편하고 힘든 생활에 비하면 천국 같았습니다. 게다가 운이 좋게도 우리집은 베란다가 있는 방향으로 배정 받아 더욱 좋았습니다.

그 무렵 또 하나의 감사한 일이 있었습니다. 아버지에게 일자리가 생긴 것입니다. 김구 선생님의 둘째 아들 김신 선생님이 당시 교통부 장관으로 일하실 때 아버지의 어려운 형편을 아시고 서울역 건너편 동양고속 안 스낵바를 운영해 보라고 제안하셨습니다. 아버지의 첫 경제 활동이자 안정적인 경제 활동이었습니다. 동시에 백범김구선생기념사업협회도 함께 운영하실 수 있었습니다. 스낵바는 고속버스 이용객을 대상으로 한 가게여서 장사가 꽤 잘되었습니다.

매월 일정한 소득이 생기면서 경제적인 여유와 안정을 찾을 수 있었습니다. 시간이 흐르면서 김포공항 국제선 청사에 또 하나의 스낵바를 운영할 기회가 주어졌습니다. 가족 모두 고속버스 스낵바 대신 공항 스낵바를 운영하면 좋겠다고 권했지만 아버지의 생각은 대쪽같았습니다.

"지금 하는 스낵바도 잘되고, 다른 동지들이 어려운데 무슨 욕심인가!"

그렇게 김포공항의 국제선 스낵바는 윤봉길 의사의 자녀에게 양보하였습니다.

어머니는 멍에를 벗자마자 쓰러지시고

타협이 없는 삶, 어렵지만 옳다고 여기는 길만 고집하는 삶, 그런 삶이 가족들에게 얼마나 고통스러운지를 삶을 통해 체득했습니다. 그때는 당연히 그렇게 살아야 하는 줄만 알았습니다. 여느 아버지들도 다 그런 줄만 알았습니다. 뒤늦게야 아버지가 가신 길이 얼마나 고귀한 길이었던가 생각해 봅니다. 우리 가족들 모두 아버지가 걸어가신 길이 그리 큰 길이었는지 몰랐습니다. 독립운동가로서의 아버지를 더 많이 이해하지 못한 것, 삶의 현실에 허덕이며 가장으로서의 아버지만을 판단하며 살아왔다는 것, 이제야 아들로서 부끄럽게 여깁니다. 이제는 우리 집과 나의 아버지가 아니라 나라의 아버지로 사셨던 아버지가 자랑스럽습니다.

한편으로 지난날을 떠올릴 때면 저의 마음 한구석이 저려 옵니다. 어머니 때문입니다. 어머니가 돌아가시던 때가 생각납니다. 우리 가족의 어렵던 삶이 끝나는가 싶던 시기였습니다. 아버지의 경제 활동도 잘 풀리고 있었고 형제들도 각자의 일자리에 정착해 잘 살아가고 있었습니다. 지긋지긋한 가난에서 벗어나 편안하게 지낼 수 있는 시간을 맞이하던 때였습니다. 아버지의 부재 속에 어린 육남매를 건사하던 당신의 멍에를 내려놓으시며 긴장이 풀렸던 것인지 뇌출혈로 쓰러지신 후 10년간의 병상 생활 끝에 소천하셨습니다. 자식 낳고 찢어지게 가난한 삶을 홀로 감당하며 몸부림치시던 어머니를 생각하면 언제나 눈물이 납니다. 그래서 더욱 그립습니다. 눈물 없이 할 수 없는 이야기들이지만 그래도 이제는 웃으며 할 수 있다는 것에 감사합니다.

독립운동가 **선우진** 鮮于鎭 애국지사 (1921-2009)

평안북도 정주에서 나고 자란다. 조부의 권유로 삼촌이 활동하던 만주로 향하면서 독립운동의 길을 가게 된다. 1940년 창설된 한국광복군 제3지대에 자원 입대한 뒤, 1944년 육군군관학교 부설 한국광복군 간부 훈련반을 수료하고 정훈 장교로 활동한다. 해방 이후에는 대한민국 임시 정부를 이끈 김구 선생과 함께 하고, 1949년 김구 선생이 암살되기까지 비서로 수행하며 그 곁을 지킨다. 이후 백범김구선생기념사업협회 상임 이사로 활동하며 백범의 뜻을 기리는 데 힘을 쏟고, 1990년 독립운동의 공로를 인정 받아 건국 훈장 애국장을 받는다.

" 시대적인 상황으로 보나 대쪽같은 성품으로 보나
아버지는 아버지에게 아주 적합한 일을 하셨다는 생각이
듭니다. 아버지의 나라 사랑은 그 누구도 말릴 수
없었습니다. 중경에서 대한민국으로 환국하신 후에는
오로지 김구 선생님의 생각과 혼을 담아 살려고
노력하시던 분입니다. "

인생의 유연함을
가르쳐 준
상담 봉사

이문규 독립운동가 이정순 애국지사의 둘째아들

피난을 떠나 교직에 몸담으시고

아버지가 집을 떠난 시기는 고등학교를 채 마치치도 않았을 때입니다. 경기중학교 재학 중, 지금으로 말하면 고등학교 3학년 재학 시절이었습니다. 이후 명예 졸업장을 받긴 하셨지만, 당시에는 졸업장도 받지 못한 채 독립운동가의 길을 선택하신 것입니다. 요즘의 고등학교 3학년을 떠올려 보면 너무도 어린 나이였습니다.

여느 열사들처럼 아버지 역시 외로운 투쟁의 길을 걸어야 했습니다.

일본 경찰에 체포된 후에는 형무소에서 말로 설명할 수 없을 만큼 고통스럽고 두려운 시간을 겪게 되었습니다. 형무소를 나온 후에도 외로움과 고통으로 얼룩진 삶은 나아지지 못하고 그대로 이어졌던 것 같습니다. 조국을 위해 청춘을 바쳐 공을 세우셨지만 정부로부터 인정받지 못한 채 오히려 숨죽이며 은둔해서 살아야 했습니다.

아버지의 삶도 어려웠지만 그 시절에는 나라 전체가 어려웠습니다. 일제 강점기가 해방으로 끝난 후에는 이념 갈등과 6.25 전쟁이라는 또 다른 파도가 덮쳐 왔습니다. 옥고를 치른 후 서울 집으로 돌아오신 아버지가 어머니를 만나 잠시 잠깐 평안했을까 싶을 즈음, 다시 전쟁의 소용돌이 속에서 피난길에 오르게 된 것입니다. 다행히 전라북도 이리에 있던 지인의 소개로 이리남성고등학교 국어 교사로 가게 되었습니다. 아버지가 교직에 몸담게 되면서 그나마 안정된 삶에 정착할 수 있었습니다.

아버지는 전형적인 교육자였습니다. 어려운 형편으로 낮에 일을 다니느라 학교에 다니지 못하는 고아 같은 아이들이 많은 시절이었습니다. 그들을 위해 야간학교를 만들자고 제안하신 덕분에 실제로 많은 학생들이 배움의 기회를 얻을 수 있었습니다. 그중 한 제자는 성인이 된 후에도 아버지의 은혜를 잊지 않고 찾아와 주었습니다. 지금까지도 1년에 몇 번씩 대전 현충원을 찾아 아버지를 기리고 있습니다.

맞춤 양복 라벨 제작자로 일하시며

아버지가 천직이었던 교사직을 내려놓을 수밖에 없었던 것은 건강에 문제가 있어서였습니다. 상태가 점점 악화되더니 어느 날 갑자기 한쪽 귀에 문제가 생겨 난청으로 진행되었습니다. 게다가 폐결핵으로 인해 페니실린 쇼크까지 겪게 되면서 교직을 그만두게 되었습니다. 이후 가족 모두 서울 성수동으로 다시 이사하게 되었습니다. 제가 막 대학교에 입학 할 무렵이었습니다.

감사하게도 아버지는 서울에서 새로운 일을 시작하실 수 있었습니다. 맞춤 양복에 붙이는 메이커 라벨을 제작하는 일이었습니다. 맞춤 양복이 유행하던 시절이어서 사업이 순조롭게 흘러갔습니다. 집에서 할 수 있는 일이었기에 저도 교복을 입은 채 납품과 수금 등의 업무로 아버지 일을 도울 수 있었습니다. 하지만 그 일만으로 다섯 자녀를 먹이고 교육시키는 게 결코 쉬운 일이 아니었습니다. 이 모든 과정을 겪는 동안 다섯 형제를 키우며 가장 고생하신 분은 어머니입니다.

저를 비롯한 형제들이 하나둘씩 성인이 되어 직장 생활로 자리를 잡아가면서 우리 가정도 조금씩 안정을 찾을 수 있었습니다. 형님은 명문 대학을 졸업한 후 대기업 해외 지사에서 근무하며 독립된 삶을 살게 되었고 현재 캐나다에 거주하고 있습니다. 저 역시 대학 졸업한 후 대기업에 입사해 30년 이상 근속했습니다. 퇴직 후에는 다른 회사에서 10년 넘게 일하며 의미 있는 일들을 해 왔습니다. 셋째와 막내는 대학 교수로 터를 잡았으며 넷째는 유수 항공사에서 일했습니다. 독립운동가로서의 영광은커녕 살 만하게 살지도 못한 시절을 거쳤지만, 그래도 결과적으로 아버지의 후손인 우리 세대에 와서는 안정과 안녕이라는 굉장히 의미 있는 열매를 맺은 것 같아 여러 가지로 감사하게 됩니다.

상담 봉사하며 오히려 위로를 얻는

광복회 수원시지회와의 인연은 아버지가 돌아가신 후부터 시작되었습니다. 독립 유공자 자녀로서 보훈 단체에서 연락을 받고 작게 봉사 활동을 시작하게 된 것입니다. 광복회 수원시지회 회원들에게 전화로 안

부를 묻거나 상담하는 것이 제 역할입니다. 대부분 80~90세 이상의 어르신들입니다. 일주일에 네 시간씩 사무실에 나가 회원님들과 통화하며 건강은 어떠한지, 어려움은 없는지, 도와드릴 일이 있는지 등을 살피고 있습니다. 너무 자주 전화를 드리면 불편하게 여기실까 염려되어 15일 정도의 간격으로 연락드리고 있습니다. 어르신들을 돌본다는 개념으로 상담하지만, 오히려 제가 더 많이 배우거나 위로받게 되곤 합니다. 10년 후의 제 모습을 미리 보는 것 같거나 저렇게 나이 들어야겠다는 생각이 들 때면 더욱 그러합니다.

매일 새벽 5시에 일어나 영어 공부를 하는 88세 회원이 있습니다. 요양 보호사에게 공깃돌 구입을 부탁하고는 수시로 공기놀이를 즐기고, 화초를 손수 가꾸며 생명을 돌보는 기쁨을 느낀다고 합니다. 여생의 목표가 치매 예방으로, 손주들에게 공기놀이를 직접 가르쳐 주며 소소한 행복을 누릴 줄 아십니다. 연락드릴 때마다 전화기 너머로 들려오는 생기 있는 회원님의 목소리에서 기쁨이 뚝뚝 꿀처럼 떨어집니다.

그와는 반대로 사는 회원도 있습니다. 딸이 치매에 걸려 자신을 알아보지 못한다는 한 회원은 몸이 점점 쇠약해지는 게 고스란히 전해집니다. 얼굴도 모르는 어느 봉사자가 전해 주는 밥으로 하루하루를 연명하며 지내시는 분입니다. 외부와 거의 접촉하지 않고 살다 보니 사고 수준과 감정이 점점 위축되고 있다는 게 느껴집니다.

"다른 분들과도 이야기 나누셔야 하니까 전 이만 끊을게요. 감사합니다. 감사해요. 정말 감사해요."

그래도 통화할 때마다 전후 사정을 판단하시고 잊지 않으시며 감사의 말을 연이어 전하는 모습에 더 잘 챙겨야겠다는 마음이 샘솟습니다. 전화를 받지 않는 회원들도 있고 전화를 받는다 하더라도 보이스 피싱으로 오해하며 퉁명스럽게 대하거나 바로 전화를 끊으려 하는 회원들도 있습니다. 감정 기복이 커서 스스로 감당하기 힘들어하거나 누군가에게 상처 주거나 상처 받을까 염려하며 움츠리는 모습을 볼 때도 마음이 아픕니다. 참 안타까운 경우들입니다.

'조금만 마음을 열면 더 넓은 세상과 소통하고 연대하면서 작은 행복을 누릴 수 있을 텐데!'

봉사를 시작한 지 이제 겨우 2개월여 되었지만 세월이 유수인 것은 수원광복회에서도 동일한 것 같습니다. 앞으로 남은 2개월 동안도 회원님들의 이야기를 귀 기울여 듣고 필요한 도움을 드릴 수 있다고 생각하면 기쁩니다.

여느 독립 유공자의 자녀들에 비해 저는 비교적 안정된 삶을 살아왔습니다. 대학에서 기계공학을 전공한 후 삼성에서 직장 생활을 했고, 퇴직한 후에도 한 회사에 몸담아 세계에서 한두 업체에만 있는 특수 반도체 장비를 제작해 세계 각국에 수출하는 데 기여하기도 했습니다.

"우리가 국민으로서 이 나라를 위해 할 수 있는 일 중 하나가 기업을 안정적으로 이끄는 것입니다."

직원들을 격려하며 하던 말은 늘 동일했습니다. 어떤 위치에 있든지 맡은 일에 충실해서 기업을 발전시키고 나라와 국민을 잘 살게 하는 것이 어느 거창한 국가관보다 큰 애국이라고 생각하기 때문입니다. 그렇게 나름대로 넓은 세상을 경험했다고 여겼습니다. 하지만, 광복회 수원시지회는 제가 지금껏 살아오면서 경험하지 못한 또 다른 삶의 이야기들을 들려주고 있습니다. 새로운 인생을 배우고 있는 셈입니다. 나이가 들수록 고집스러워지게 마련인데 좀 더 유연한 태도와 마음으로 살아야겠다고 다짐하게 만듭니다. 오늘도 상담 일지를 작성하며 더 많은 회원들과 대화를 나누어 가는 동안 서로에게 의미 있는 하루하루가 되기를 소망해 봅니다.

독립운동가 이정순李廷順 **애국지사 (1919-1992)**

1940년 경기공립중학교 재학 중 학생들의 연구 단체인 '계림공진회'를 조직해 항일 독립운동에 나서고, 모임의 기관지 <공진>을 통해 민족 의식을 일깨운다. 이런 활동이 눈에 띄어 1941년 일본 경찰에 체포된다. 이듬해 경성 지방 법원에서 징역 2년 집행 유예 3년을 선고받은 후 서대문 형무소에서 복역한다. 졸업을 앞둔 시점에 체포되어 정식 졸업장을 받지 못했지만 훗날 명예 졸업장을 수여받는다. 2008년 대한민국 정부로부터 건국 포장이 추서되어 뒤늦게 독립 유공자로서의 공로를 인정받는다.

❝ 아버지는 전형적인 교육자였습니다.
어려운 형편으로 낮에 일을 다니느라 학교에 다니지
못하는 고아 같은 아이들이 많은 시절이었습니다.
그들을 위해 야간학교를 만들자고 제안하신 덕분에
실제로 많은 학생들이 배움의 기회를 얻을 수 있었습니다.
그중 한 제자는 성인이 된 후에도 아버지의 은혜를
잊지 않고 찾아와 주었습니다. ❞

198 셋_ 감사합니다

가난의 대물림으로
여공으로
살았음에도

임하영 독립운동가 임양순 애국지사의 손녀

할아버지의 옥살이를 숨길 수밖에 없던

자라면서 할아버지에 대한 이야기를 들은 적이 없습니다. 아버지는 저에게 할아버지가 감옥에 갔다 오셨다는 사실을 숨기며 사신 것 같습니다. 죄가 있어서 감옥에 가신 게 아니라는 것을 아버지도 알고 계셨습니다. 하지만 아버지가 자라 온 시대와 사회, 또 생활하시던 주변의 친일 세력들을 의식할 수밖에 없었을 것입니다. 나라를 구하기 위해 독립운동을 하신 것을 드러내기는커녕 오히려 감추고 숨어 살아야 했다니 참

억울한 일이고 이해하기 어려운 일입니다.

우리 가족은 구례에서 살았습니다. 아버지는 생계로 농사를 지었지만 땅이 없었습니다. 할아버지로부터 물려받은 것은 가난밖에 없었기 때문입니다. 땅이 한 평도 없었으니 남의 땅을 빌려 농사를 지어야 했습니다. 1년 동안 힘들게 농사를 지어도 많은 곡식을 땅 사용료로 지불해야 했기에 추수 때가 되어도 집으로 가지고 올 수 있는 곡식은 그리 많지 않았습니다. 부모님은 생계가 될 만한 일을 찾으시다가 남의 묘지를 관리하시기도 했습니다. 그러나 매월 고정적인 수입을 얻을 수 없으니 그것도 생계에 별로 도움이 되지 않았습니다. 쌀이 늘 부족하다 보니 걸핏하면 밀가루 수제비를 먹었던 기억이 납니다. 식용류 살 돈도 없어서 돼지기름으로 부침개를 부쳐 먹곤 했는데 그게 그렇게 맛이 있었습니다.

여공이 되어 공장에서 공장으로

아버지는 명석하셨지만 먹고 살기 바쁘니 배움의 기회를 놓치셨습니다. 그러다 보니 할아버지의 가난이 아버지에게 그대로 대물림되었고, 다시 오빠들과 저에게로 고스란히 이어져 내려왔습니다. 학교에 가야 할 나이에 공장에 다니고 농사일을 했습니다. 오빠들은 당시의 국민학교에서 학업이 끝났지만, 그래도 저는 시대가 변화한 덕분에 통신고등학교라도 다닐 수 있었습니다.

동네에서 놀고 있던 어느 날, 부산의 어느 공장에서 일할 수 있다는 이야기에 친구들과 부산으로 가게 되었습니다. 돈을 벌러 낯선 지방으로 떠나야 한다고 생각하니 눈물이 주르륵주르륵 흘렀습니다. 이젠 추억으로 남아 있지만, 그때는 철이 없던 시절이어서 고향 땅을 떠난다는 사실에 많이 슬펐습니다. 막상 부산에 정착하니 친구들과 생활하는 것도 그런대로 재미있었습니다. 공장에서의 일은 큰 실타래를 풀어서 작은 실고리에 옮기는 일이라 그리 힘들지 않았습니다. 공장에서 하루 한 번 땅콩 샌드를 간식으로 주었는데 너무 맛있었습니다.

그렇게 1년쯤 부산에서 일하다가 상경할 기회가 생겼습니다. 서울에 올라와서도 공장에서 일했는데 그때 배움의 기회가 주어졌습니다. 통신고등학교를 다닐 수 있게 된 것입니다. 주경야독의 생활이 힘들긴 했지만 배운다는 사실 하나만으로 힘든 줄 모르고 살았습니다. 낮에는 공장에서 일하고 밤에는 기숙사에서 친구들과 지내며 나름 재미있었고 견딜 만 했습니다. 제가 부산과 서울에서 그렇게 지낼 동안 부모님과 오빠들은 구례에서 한동안 살았습니다.

공장이 지겹게 느껴질 무렵 미용실에서 보조 역할을 하게 되었습니다. 미용 자격증을 따면 좋겠다고 생각해서 시작했지만 자격증을 따는 일이 쉽지 않았습니다. 미용실도 잠시, 다시 전자회사 부품 공장에 들어가게 되었습니다. 고압가스 안전 관리도 하는 등 어린 나이에 많은 공장들을 거치며 여러 가지 일들을 해 왔습니다. 계속되는 이직으로 서울에서의 생활이 녹록치 않았습니다. 그나마 서울에서 가장 오래 한 일이 자수를 놓는 일이었습니다. 그때는 한복에도 자수를 놓고 이불에도 자수를 놓던 시절이었습니다. 수요가 많다 보니 일거리가 많기도 했고 적성에도 맞았습니다. 육영수 여사가 운영하시던 정수장학회에서도 자수 놓는 일을 했습니다.

여공의 직업병과 암으로 쓰러져

한창 일하던 시기에 갑자기 건강이 나빠지기 시작했습니다. 척추 협착증으로 앉아 있을 수 없을 정도여서 점점 일할 수 없는 지경에 이르렀습니다. 결국에는 휠체어에 의존하는 상황이 되었습니다. 이 지병으로 인해 합병증까지 겪으면서 몸이 점점 쇠약해져 갔습니다. 2015년쯤에 암 진단을 받은 후에는 누워서 생활할 수밖에 없었습니다. 한동안 도저히 일어설 수 없었습니다. 그때 나를 일으켜 세운 것이 기독교 신앙입니다. 하나님을 믿는 신앙이 없었다면 소망이 없는 환경에서 도저히 살아갈 수 없었을 것입니다. 절절한 마음으로 기도하며 치료를 받았는데 몸이 조금씩 나아지기 시작했습니다. 기도하는 중에 하나님이 치료해 주신다고 약속하시는 것을 마음으로 받았습니다. 차츰 몸이 회복되면서 앉을 수 있게 되었고, 휠체어를 타고 외출도 할 수 있게 되었습니다. 저 자신의 일임에도 믿기 어려울 정도로 신기했습니다. 하나님이 기도에 응답해 주신 것입니다.

그 시절 제 옆에는 어머니가 늘 함께 하셨습니다. 저의 병든 육신을 돌보시던 어머니 덕분에 지금 이 이야기를 들려줄 수 있습니다. 제 곁을 지키시던 어머니도 몸이 쇠약해지셔서 2017년 소천하셨습니다. 제가 스무 살 되던 해에 아버지가 돌아가셨으니 어머니와 오랜 세월을 함께 지냈습니다. 어머니는 늘 제 머리맡에서 기도하시던 분이었습니다. 생활 형편은 어려웠지만 하나님을 믿는 믿음이 있었기 때문에 늘 감사하며 살았습니다. 어머니의 신앙을 보고 자라면서 저 또한 자연스럽게 기독교 신앙을 갖게 되었습니다.

  병약한 저를 국가에서 기초 생활 수급자 중에 생계 수급자로 지정해 주어서 근근히 생활할 수 있었습니다. 거주하는 집도, 생활에 필요한 비용도 수급자로서 혜택을 받으며 살았습니다. 그러던 어느 날 할아버지가 독립운동가이셨다는 사실을 통보받게 되었습니다. 임양순 할아버지 덕분에 손녀인 제가 독립운동가 후손으로서 연금을 받게 된 것입니다. 이후로 생계 수급자 자격은 끊겼지만, 연금과 함께 한국토지주택공사에서 공급하는 임대 주택으로 들어가 여생을 보내고 있습니다. 여전히 생활고에 몸까지 아픈 형편이지만 하나님에게 감사하며 지내고 있습니다. 요즘에는 나라를 위해서도 기도하게 되고 주변에 어려운 이웃이 있는지도 돌아볼 정도로 여유를 갖게 되었습니다. 참 감사한 일입니다.

독립운동가 **임양순**林良淳 애국지사 (1865-미상)

1919년 전남 구례군 외산면 면사무소와 원촌 헌병 주재소 게시판에 동지들과 함께 독립 선언서를 게시한다. 조선 민족 대표 손병희 외 32명의 명의로 된 독립 선언서와 3장의 공약서를 사람이 많이 모이는 곳에 붙이라는 부탁을 받고서다. 이 일로 그해 4월 4일 광주 지방 법원 순천 지원에서 보안법 위반으로 4개월의 징역형을 받는다. 2010년 그 공로를 기려 대통령 표장이 추서된다.

에필로그

이종찬 이 책은 이 땅의 수많은 독립운동가들 수만큼이나 다양한 그들 자손들의 삶을 이야기하고 있습니다. 그들 한 명 한 명의 인생길은 독립운동가와는 또 다른 눈물겨운 생존 투쟁의 기록입니다. 일제 강점기, 해방 정국, 6.25 전쟁 등 굵직한 질곡의 현대사를 거치면서 가난과 무학의 지난한 세월을 견뎌야 했기 때문입니다.

문광주 이 땅의 풍요와
평안과 자유가 그냥 당연하게
주어진 것이 아니라,
독립운동으로 쓰러져 간
수많은 열사 및 애국지사들과
그 후손들의 고된 삶 위에
이루어졌음을 기억해 주기를
기대합니다.

기억합니다 207

김정국 제가 한 일은 아무것도 없는데, 지금 돌이켜보면 시대의 굴곡 속에서 어머니가 걸어가신 길이 나라를 위한 희생이었다는 생각이 듭니다. 어머니를 떠올릴 때마다 안쓰럽고 미안하고 한없이 그립기만 합니다.

엄희덕 예전에는 생각하지 못하던 부모님과의 관계를 돌아보며 유물과 유품을 찾을 수 있는 소중한 기회가 되었어요. 이 책에 실린 글을 미국에 있는 큰아들이 영어로 번역하면서 외할아버지와 엄마의 삶을 구체적으로 알게 되었어요. 무척 기뻐하고 자랑스러워하며 큰 감동을 받았다고 하네요. 아들의 말에 저 또한 감동이에요.

오청자 아버지와 우리 남매의 삶을 글로 적어 보면서 문득 작년에 돌아가신 오빠네 식구들이 어떻게 지내는지 궁금해졌어요. 지난 5월에는 또 요양병원에서 지내던 사랑스러운 아들도 하늘나라로 떠났습니다. 요즘 들어 아들, 오빠, 손자들이 유난히 보고 싶어지네요.

소피아 아버지 덕분에 이렇게 책이 발간된다고 하니 감사한 마음이 큽니다. 원고를 정리하는 과정을 통해 아버지의 삶을 다시 조명하게 되어 더욱 뜻깊었습니다. 잊고 지내던 아버지와의 추억을 되새기는 동안 마음 깊은 곳에서 울림을 느꼈습니다. 귀한 시간을 갖게 해 주셔서 진심으로 감사합니다.

임헌영 글을 정리하면서 저의 정체성에 대해 깊이 생각해 보는 기회를 가질 수 있었습니다. 고난 속에서도 성실하게 살아오신 아버지의 삶을 되새기며 그 자랑스러운 이야기가 널리 알려졌으면 하는 마음이 큽니다. 아버지의 발자취를 통해 우리 가족의 역사를 새롭게 마주할 수 있어 감사했습니다.

윤대성 한평생을 요란하게 살아왔지만 할아버지의 업적과 광복회 일을 접하면서 제 인생을 다시 돌아보게 되었어요. 남은 삶을 통해 더욱 의미 있는 일로 하나님 앞에 나아가야겠다는 마음이 듭니다. 사회에 조금이라도 도움이 되는 일을 하며 욕심을 내려놓고 더 단순하고 더 진실하게 살아가려 합니다.

이동환 온갖 고생을 혼자 다 감당하신 양모님과 독립운동에 전념하신 백부님을 생각하면 안쓰럽고 마음이 아파요. 그때의 어려웠던 이야기들을 꺼내려니 한편으로는 부끄럽고 마음이 무거워요. 이번 기회를 통해 독립유공자 자녀들의 이야기가 사회에 들려진다면 많은 이들이 공감하실 거라 생각해요.

이영협 우리 집 옆 배밭의 배나무 울타리 너머로 친일파들이 들이닥쳐서 도망다닌 기억, 늘 조심하고 숨죽이며 살던 분위기가 지금도 또렷해요. 독립운동가로서 증조부님과 아버지의 힘든 삶이 대물림되었지만 그 좁은 길을 걸어가신 두 분에게 지금은 참 자랑스럽고 감사한 마음뿐이에요.

임재두 사실 제가 뭘 한 것도 없고 자랑할 것도 없는데 이렇게 제 이야기를 하게 되니 좀 송구스럽다고 해야 할까요, 그런 마음이 들어요. 그래도 이렇게 책이 나온다고 하니 솔직히 기분은 참 좋습니다. 이 책을 통해 광복회 가족들도 조금이나마 힘을 얻었으면 좋겠어요.

정은섭 알려진 할머니의
독립운동 이야기 중에는 사실과
다른 부분들도 있어요. 할머니가
힘든 시대에 이루신 어려운 일들이
제대로 기록되어서 진실이 있는
그대로 기억되었으면 해요.

곽기룡 이번에 글을 정리하면서 다시 한번 독립운동가 아버지가 자랑스럽고 뿌듯했어요. 너무 힘든 시절에는 뭐가 뭔지도 모르고 그냥 그렇게 사는 게 당연한 줄 알았죠. 지나고 나서 돌이켜보니 힘들었던 기억보다 나라를 위해 온 힘을 다하신 아버지가 더 크고 대단한 것 같아요.

곽영달 책이 나온다고 하니까
가족들 모두 정말 기뻐했어요.
다 함께 할아버지 이야기를
나누면서 힘들었던 시절도
이해하게 되고 서로 공감하니까
저도 참 기분이 좋더라고요.
조만간에 가족 모두 함께
할아버지를 뵈러 묘지에
다녀오려고 해요.

박수해 아버지와 저희 가족 이야기가 책으로 나온다니 참 기쁘네요. 아버지는 이름을 다섯 개나 갖고 계셨어요. 독립운동 하시느라 신분을 숨기시려고요. 우리 가족이 오래도록 얼마나 힘들게 살아왔는지를 보여 준다고 봐요. 이제는 더 이상 이사 다니지 않아도 되는 작지만 편안한 집 하나 있었으면 하는 바람이에요.

선우엽 너무 어려워 뭔지도 잘 모르고 그냥 살아 낸 1960년, 그 시절에 미처 보지 못한 것들을 다시 돌아본 시간이이었어요. 나라를 위해 삶을 내려놓고 싸우셨다는 이야기를 저는 기억하지만 우리 자손들은 잘 모르잖아요. 앞으로는 아버지의 독립운동 이야기를 좀 들려줘야겠다는 생각이 들어요.

이문규 돌아가신 독립유공자분들의 이야기가 책으로 나와 기쁘면서도 한편으로는 저도 더 잘 살아야겠다는 생각이 들었어요. 어려운 시대에 나라를 지키던 의지와 공덕을 사회에 알려 독립운동가들과 그 후손들의 이야기가 다음 세대에 전해진다는 사실이 정말 뜻깊고 감사합니다.

임하영 다시 한번 할아버지께서 하신 일들을 기억하고 생각해 보는 시간이었어요. 할아버지를 비롯한 모든 독립운동가들께 감사하는 마음이 들었고요. 사실 저는 할아버지 얼굴도 몰라요. 그래도 할아버지가 참 자랑스럽고 마음이 뿌듯해요.